经上海市中等职业教育课程教材审定委员会审定准予使用
准用号ZJ———— 2007031

第二版

 复旦卓越·21世纪汽车类职业教育教材

总顾问 陶 巍

汽车使用与日常养护

戴良鸿 主编

复旦大学 出版社
www.fudanpress.com.cn

编委会主任

雷正光　盛　凯　朱国苗　魏荣庆　林　原　傅耀祖　李玉明

编委会成员

白小和　陈恒华　陈海明　陈　琳　陈日骏　陈　辉　陈　榕
戴良鸿　段京华　冯学敦　方　铀　方　俊　龚　箭　高建平
葛元昉　顾百钧　黄　红　黄永明　蒋　勇　凌　晨　李　玲
李　芳　李连城　郦　益　罗华洲　潘师安　齐金华　任　贤
沈云华　沈冰武　陶雷进　唐志凌　王宝根　王冬梅　王立志
王　静　王惠军　吴东明　徐广荣　许顺锭　徐华伟　杨李华
印晨曦　殷　吕　杨丽琴　严家国　姚　华　郑　诚　诸鑫炯
　　　　　　　张丽华　张　艳　朱　锋　郑健容

内 容 提 要

本书是教育部职业学校推荐规划教材,也是汽车维修、汽车驾驶、汽车使用、汽车商务等专业基础理论教材。由复旦大学出版社根据汽车类各专业教学计划与教学大纲,以及交通行业职业技能规范和技术工人等级标准组织编写而成。

本书内容主要包括:选购汽车及评价汽车性能,汽车的注册、上牌与保险,汽车的合理使用,汽车的日常养护,汽车的简单故障,共 5 个项目 28 个活动。

本书供全国各类职业学校(中职)、各类交通技工学校、技师学院的汽车类专业教学使用,也可作为相关行业岗位培训或自学用书,同时可供汽车维修技术人员、驾驶人员、销售人员阅读参考。

Qicheshiyongyurichangyanghu

  为了贯彻落实国务院、教育部《关于大力发展职业教育的决定》,由上海市教育委员会组织开发编制的《上海市中等职业技术学校汽车运用与维修专业教学标准》已于2006年10月正式出版发行。这是实施中职深化课程与教材改革的一项重要举措,旨在建设反映时代特征,具有职业教育特色,品种多样、系列配套、层次衔接,能应对劳动就业市场和满足学生发展多元需要的中等职业教育课程和教材体系。

  《汽车运用与维修专业教学标准》以"任务引领型"目标为核心,对应当前汽车运用与维修行业的6大工种,设计了6个专门化方向,即汽车维修机工、汽车维修电工、汽车商务、汽车维修钣金工、汽车维修油漆工、汽车装潢美容工。根据此专业教学标准,汽车运用与维修专业共设34门课程,其中专业核心课程5门,专门化方向课程29门。

  汽车运用与维修专业课程有5个特征:

  一是任务引领,即以工作任务引领知识、技能和态度,使学生在完成工作任务的过程中学习专业知识,培养学生的综合职业能力;

  二是结果驱动,即通过完成典型产品或服务,激发学生的成就动机,使之获得完成工作任务所需要的综合职业能力;

  三是突出能力,即课程定位与目标、课程内容与要求、教学过程与评价都围绕职业能力的培养,涵盖职业技能考核要求,体现职业教育课程的本质特征;

  四是内容实用,即紧紧围绕完成工作任务的需要来选择课程内容,不强调知识的系统性,而注重内容的实用性和针对性;

  五是做学一体,即打破长期以来的理论与实践二元分离的局面,以任务为核心,实现理论与实践一体化教学。

  为了促进新教材的推广使用,便于边使用边修订完善,我们整合全国中等职业学校在汽车运用与维修专业方面的优质资源,成立了由相关中等职业学校校长为领导的教材编写委员会,组织各中等职业学校资深的专业教师,结合行业技师编写教材,以达到忠实体现以"任务引领型课程"为主体的中等职业学校课程与教材改革的理念与思路的目的,保证教材的编写质量。本套教材在积极贯彻落实上海市中等职业技术教育深化课程教材改革任务的同时,也希望能为全国中等职业技术教育的课程教材改革提供案例,为我国职业教育的发展作出自己应有的贡献。

汽车运用与维修专业教材编写委员会
2007 年 9 月

#

Qicheshiyongyurichangyanghu

随着我国汽车工业技术的高速发展,汽车行业对汽车专业性人才的需求越来越迫切。为更好地贯彻落实《国务院关于大力发展职业教育的决定》以及教育部等 6 部委《关于实施职业院校制造业和现代服务业技能型紧缺人才培养培训工程的通知》精神,适应汽车工业飞速发展和汽车运用与维修专业技能型紧缺人才培养的需求,复旦大学出版社根据教育部汽车类职业教育教材规划,再次组织编写了汽车类教材以适应全国各类职业院校的教学需要。

《汽车使用与日常养护》是汽车类各专业的专业基础课程之一,主要内容包括:选购汽车及评价汽车性能,汽车的注册、上牌与保险,汽车的合理使用,汽车的日常养护,汽车的简单故障,共 5 个项目 28 个活动。

为满足当前社会需要,并结合职业学校学生实际情况,我们在编写过程中,注重理论与实践相结合、应知和应会相结合、传统技术与现代新技术相结合;注重知识体系的实用性,体现先进性,保证科学性,突出实践性,贯穿可操作性,反映了汽车工业的新知识、新技术、新工艺和新标准。本教材文字简洁、通俗易懂、以图代文、图文并茂、形象直观、形式生动,以便于培养学生的学习兴趣,提高学习效果。

本教材由江苏汽车技师学院戴良鸿担任主编,靖江中等专业学校王振宇、江苏汽车技师学院郑军担任副主编。项目一由吴立安编写,项目二由王春辉编写,项目三由王雷编写,项目四由戴良鸿编写,项目五由王振宇编写。

由于编者的经历和水平有限,教材内容难以覆盖全国各地的实际情况,希望各教学单位在积极选用和推广本教材的同时,注重总结经验,提出修改意见和建议,以便再版修订时改正。

编写组

2016 年 2 月

#

Qicheshiyongyurichangyanghu

项目一　选购汽车及评价汽车性能 2
　活动一　认知汽车 2
　活动二　怎样确定购车方案 10
　活动三　怎样阅读汽车说明书 16
　活动四　怎样识别VIN汽车代码 31
　活动五　怎样评价汽车性能 36

项目二　汽车的注册、上牌与保险 44
　活动一　汽车注册与上牌的流程 44
　活动二　汽车保险的相关知识 53
　活动三　汽车保险理赔的程序 63

项目三　汽车的合理使用 72
　活动一　汽车音响的使用 72
　活动二　汽车空调的使用与维护 78
　活动三　怎样进行汽车磨合 82
　活动四　车用汽油的选用 86
　活动五　车用柴油的选用 93
　活动六　发动机润滑油的选用 96
　活动七　齿轮油的合理选用 104
　活动八　汽车轮胎的合理选用 108
　活动九　汽车的节油方法与技巧 115

项目四　汽车的日常养护 122
　活动一　汽车维护的分类与内容 123
　活动二　维修手册的阅读 133

活动三　汽车的初驶保养 …………………………………………………………… 139
　　活动四　汽车出车前、出车后及行驶中的维护 ………………………………… 143
　　活动五　汽车的常规保养与汽车暂停或封存时的养护 ………………………… 146
　　活动六　汽车的换季养护 ………………………………………………………… 152
　　活动七　"三滤"及机油的更换 …………………………………………………… 158
　　活动八　汽车常用油、液的检查与添加 ………………………………………… 164

项目五　汽车的简单故障 ……………………………………………………………… 174
　　活动一　仪表及报警灯的识读 …………………………………………………… 175
　　活动二　车辆爆胎的处理 ………………………………………………………… 179
　　活动三　汽车"开锅"的处理 ……………………………………………………… 182
　　活动四　车辆无法启动或难以启动的处理 ……………………………………… 185

项目一　选购汽车及评价汽车性能

活动一　认知汽车
活动二　怎样确定购车方案
活动三　怎样阅读汽车说明书
活动四　怎样识别VIN汽车代码
活动五　怎样评价汽车性能

项目一　选购汽车及评价汽车性能

情景描述

随着人们生活水平的不断提高和汽车价格的逐步下降，汽车已渐渐进入普通百姓家庭，很多人已经把买车提到了议事日程。怎样了解汽车，怎样买车，已经成为买车人的关注热点。本项目主要介绍怎样选购汽车，怎样阅读汽车的说明书，如何识别汽车 VIN 代码，如何评价汽车性能等内容。

学习支持

本项目知识目标：

1. 掌握汽车基本知识与品牌。
2. 掌握选购新车和二手车的方法、注意事项。
3. 具有汽车说明书的阅读能力和 VIN 代码的识别能力。
4. 熟悉国产车的分类及编号。
5. 掌握汽车的主要性能及评价指标。

本项目能力目标：

1. 认知汽车，并熟悉汽车品牌与用途。
2. 根据使用需要，选购合适的汽车。
3. 熟练阅读汽车的说明书和 VIN 代码。
4. 能够识读汽车铭牌内容。
5. 掌握评价汽车性能的具体手段和方法。

活动一　认 知 汽 车

中华人民共和国国家标准 GB/T 3730.1—2001 中对汽车的定义为：自身带有动力装置，具有 4 个或 4 个以上车轮的非轨道承载的车辆，主要用于载运人员和（或）货物，牵引载运人员和（或）货物及其他特殊用途。

活动背景

活动分析

1. 怎样认识汽车的发展史？
2. 什么是汽车？
3. 汽车的总体由哪些总成件组成？
4. 汽车有哪些种类？

一、汽车的发展史

1. 汽车的诞生

1886年1月29日,卡尔·本茨试制成功世界上第一辆单缸发动机三轮汽车,如图1-1所示,并取得了帝国专利证书。同时,奔驰汽车公司获得了"汽车制造专利权",1886年1月29日被公认为"汽车的诞生日"。

1889年巴黎世博会上,戴姆勒制造的世界上第一辆四轮汽车亮相,如图1-2所示。该车安装了汽油发动机,并具有独立的转向装置。

图1-1 卡尔·本茨的第一辆汽车

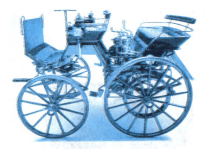
图1-2 第一辆汽油发动机四轮汽车

2. 汽车的发展

汽车从诞生到现在,无数汽车工程师们费尽了毕生精力,致力于汽车工业的发展。汽车不仅仅解决了人们的出行问题,它甚至是一个民族、一个国家工业发展的标志。现以奥迪汽车为例,说明汽车的发展历程。

(1) 1932年,由奥迪公司(1909)、DKW公司(1916)、汪德勒公司(1911)和霍希公司(1902)4家公司合并成汽车联合公司,总部在德国的因戈尔施塔特。

奥迪汽车的标志为4个圆环,代表合并前的4家公司。

(2) 1937年,一辆奥迪"银箭"赛车,一举改写了15项世界汽车速度纪录,并以406.3 km/h的极速纪录令人目瞪口呆。

(3) 1968年,生产了奥迪100,是二战后奥迪生产的第一辆"自主研发"的汽车,它是真正具有战前奥迪血统的高档轿车,被视为奥迪战后品牌复兴的象征。

（续　表）

	（4）1972年，克劳斯博士开发出奥迪80轿车，第一代奥迪80轿车销售量超过100万辆。

1992年以后，奥迪公司确立了自己的车系发展规划，主要包括A1系列、A2系列、A3系列、A4系列、A5系列、A6系列、A7系列、A8系列、Q7(SUV)、R系、敞篷车及运动车系列等。

	（1）奥迪A1以小见大，外观小巧灵活，装备简约个性，内饰动感智能，动力操控精准舒适。
	（2）奥迪A2是奥迪公司推出大批量生产的全铝轿车。独特的车身设计使得其空气阻力系数只有0.28，创同级别车的记录。
	（3）奥迪A3腰线动感硬朗，尾部线条棱角分明，展现设计魅力；搭载TFSI发动机与Stronic双离合变速器，动力输出强劲而流畅，打造动感驾驭体验。
	（4）奥迪A4升级搭载超前科技，全时四轮驱动系统，可为前轴左右轮精确分配不同扭矩；驾驶模式选项，更可一键切换不同驾驶乐趣。

（续　表）

	（5）奥迪A5开创了自己的独特类别——五门轿跑车。
	（6）奥迪A6车型搭载全新一代quattro全时四驱系统，标配平视显示系统、自动泊车系统、红外夜视辅助系统等卓越配置。
	（7）奥迪A7用线条和车身打破车种的界限，用5.6秒百公里加速和全时四轮驱动演绎涌动的激情。
	（8）奥迪A8更将动感与力量融入外观设计，塑造全新尊崇风范。
	（9）奥迪Q7创造性地使运动性和多功能性完美结合，集豪华车的庄重与跑车的激情于一身。
	（10）奥迪R系列让速度与美完美融合，夺人心魄的魅力外表下蕴藏着强悍超凡的力量，450匹马力撼世而出，高转速4.2LV8 FSI发动机更赋予它250 km/h的极速激情。

二、汽车的总体构造

如图1-3所示,一辆汽车由数以万计的零件装配而成。但无论什么类型的汽车,其主要组成结构都可以分为发动机、底盘、电气设备、车身及其附件4个部分,如图1-4所示。

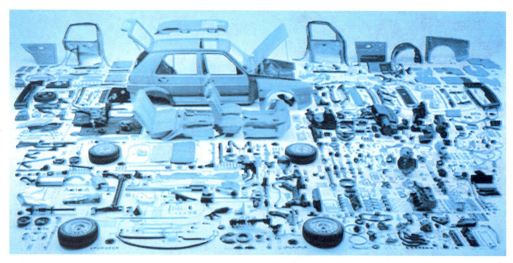

图1-3 汽车的组成零件

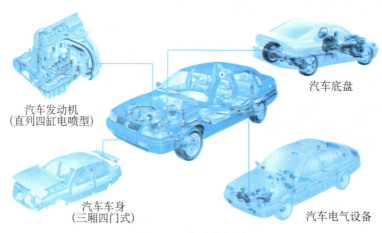

图1-4 汽车的组成

1. 发动机

发动机的作用是燃烧燃料而发出动力。大多数汽车都采用往复活塞式内燃机,一般由机体、曲柄连杆机构、配气机构、供给系、冷却系、润滑系、点火系(汽油发动机采用)、起动系等部分组成。

2. 底盘

底盘接受发动机的动力,使汽车运动,并保证汽车按照驾驶员的操纵正常行驶。底盘由传动系、行驶系、转向系、制动系4个部分组成。

3. 车身

车身应为驾驶员提供方便的操作条件,为乘客提供舒适安全的环境或保证货物完好无损。

4. 电气设备

电气设备由电源组、发动机起动系和点火系、汽车照明和信号装置等组成。

三、汽车的分类

中华人民共和国 GB/T 3730.1—2001 将汽车类型按用途划分为乘用车和商用车两大类。

1. 乘用车

乘用车是在设计和技术特性上主要用于载运乘客及其随身行李和/或临时物品的汽车,包括驾驶员座位在内最多不超过 9 个座位。乘用车涵盖了轿车、微型客车以及不超过 9 座的轻型客车。乘用车下细分为基本型乘用车(轿车)、多用途车(MPV)、运动型多用途车(SUV)、专用乘用车和交叉型乘用车等。

(1) 基本型乘用车(轿车)　轿车是指用于载送人员及其随身物品,且座位布置在两轴之间的汽车。

(2) 多用途车(MPV)　MPV 集旅行车的宽大乘员空间、轿车的舒适性和厢式货车的功能于一身,一般为两厢式结构。

(3) 运动型多用途车(SUV)　SUV 的特点是强动力、越野性、宽敞舒适及良好的载物和载客功能,具有豪华轿车的舒适精细加上吉普车的本性。

(4) 专用乘用车　专用乘用车是运载乘员或物品,并完成特定功能的乘用车,如旅居车、防弹车、救护车、殡仪车等。

（续 表）

（5）交叉型乘用车　交叉型乘用车指的是微客，在中国俗称面包车。

2. 商用车

商用车是在设计和技术特性上用于运送人员和货物的汽车，包含了所有的载货汽车和9座以上的客车。商用车可分为客车、货车、半挂牵引车、客车非完整车辆和货车非完整车辆，共5类。商用车的概念主要是从其自身用途不同来定义的，可划分为客车和货车两大类。

（1）客车：有以下几种。

① 旅行客车。一种小型客车，座位数不超过17个。

② 中型客车。核载10人以上19人以下的客车。

③ 公路客车。行驶于城市间或乡镇间公路线上的大型客车，可分为长途客车和短途客车。

（续　表）

④ 城市客车。行驶于城市和城郊的大型客车，常见的一种为城市公共汽车。	
（2）货车：有以下几种。	
① 普通货车。敞开（平板式）或封闭（厢式）载货空间内载运货物的货车。	
② 多用途货车。驾驶员座椅后带有座椅，可运载 3 个以上的乘客的货车。	
③ 全挂牵引车。牵引杆式挂车的货车，本身可运载货物。	
④ 半挂牵引车。用于牵引半挂车的商用车辆。	

(续 表)

⑤ 专用作业车。其设计和技术特性上用于运输特殊物品的货车,如消防车、洒水车等。

实践活动

1. 利用网络资源,查看汽车发展史。
2. 在教师带领下,熟悉汽车整体构造。
3. 翻阅"汽车之家"网页,熟悉汽车分类与报价。

活动二 怎样确定购车方案

活动背景

现代汽车品牌、车型和款式繁多,二手车交易也日趋频繁。如何在这纷繁的市场中选购一款适宜的汽车,对一般购车者来说具有一定的难度。只有具备一定的汽车知识,才能正确地选择合适于自己的车辆。

活动分析

1. 怎样合理选购新车和二手车?
2. 二手车选购的注意事项有哪些?
3. 怎样购买汽车?

方法与步骤

一、合理选择车型

1. 车型的选择

俗话说:物似主人形。购车也是一样。用车人的喜好、用途与经济实力不同,选择结果也完全不同。并非小排量经济型车就不是好车,而拥有豪华大马力的发动机就一定最适合自己。

车型一般根据以下几个方面来选择。

(1)价格筛选车型 经济实力决定了车型选择的价格范围。要预先征求身边的朋友、同事意见,全面了解汽车使用的实际消费情况。

假如作了10万元左右的购车预算,下一步就是将这个价格区间的车型做网罗、对比。

重要提示：密切关注制造厂商的最新动态，是否值得继续等待新车型的出现，或是继续观望近期内是否存在降价促销的可能。

（2）用途决定车型　按照不同使用功能，汽车分为轿车(两厢/三厢)、旅行车(面包车)、多功能车、吉普车等。不同的车型，各有长处。

① 轿车	轿车基本上又大致分为两厢与三厢两种。主要用途为个人代步，具有较好的舒适性、操控灵活性、低能耗和使用经济性。	
a. 两厢轿车		多数为经济型小车，外形结构小巧，拥有掀背式尾门的前轮驱动车型。在国外，两厢车是家庭代步的热门车型。
	优点： ◆ 室内空间变化灵活，使用便利性好，能容纳超大体积包装货物的运输。 ◆ 容易操控的性能设计，改装潜力较大，通过性能好，能得到较强的驾驶乐趣。 ◆ 泊车方便，经济省油。 ◆ 上班一族的首选市区代步工具。 缺点： ◆ 满员乘坐时，没有足够空间盛放行李。	
b. 三厢轿车		拥有4个或5个座位与独立的后备行李箱。因车尾突出了一个后备行李箱，车身相对较长。对于初学驾驶者，泊车的难度与两厢车相比稍大，刮蹭和倒车事故的可能性增加。
	根据汽车使用调查报告统计，三厢轿车的实际满载使用率通常仅为5%。如果可以打破这个纪录，有经常性的满载使用可能，就考虑三厢车吧。	

(续　表)

② 旅行车（面包车）		旅行车（面包车）泛指超过 5 座以上的乘用车。适合经常搭载较多乘员或小批量货运。
	优点： ◆ 装载能力强。 ◆ 适合人口较多的家庭，或者商业用途。 缺点： ◆ 不适合作为个人代步工具。 ◆ 动力性能一般，改装潜力不大，无驾驶操控乐趣。 ◆ 路费、税费、油耗等使用成本较高。	
③ 多功能车		多功能车的外形与功能介于旅行车与吉普车之间，车架宽大而结实，顶部配有行李架，适合多种用途。一般为特殊职业者青睐，如作为户外摄影师、工程技术人员、外勤施工等人员的专用工具车。
	优点： ◆ 座位灵活多变，适合不同场合使用。 ◆ 底盘较高，通过性能强。 缺点： ◆ 通常马力较大，油耗较高。	
④ 吉普车		吉普车与其说是买车代步，倒不如说是车主个性的彰显，为的是那周末的旷野。外形粗犷的吉普车外形之下，还有两驱与四驱之分。两驱只属于多功能车，而四驱才是真正能体验征服乐趣的吉普车。 四驱车根据设定的驱动形式不同，又分为兼时四驱、实时四驱和全时四驱几种。

(3) 口碑选定车型　对初步选定的一种或数种车型,除了向身边的朋友、同事征求意见,还可以利用网络汽车论坛信息的优势,对车型的性能、使用情况、故障率、性价比、售后服务等多个方面进行全面的了解和调查。

2. 选择车型应注意的几个原则

(1) 所在城市有无车型限制　应在购车前查实所在城市的车型限制。

(2) 注意车辆的排放限制标准　目前国家非常重视环境保护,并且制定了严格的排放标准,一些大城市制定了更为严格的排放限制法规。以北京市为例,2014年7月1日全国商用车成功切换至国Ⅳ标准,北京商用车则领先于全国标准,从国Ⅲ排放直接升级为目前的欧Ⅴ等级标准。因此选购轿车时,一定要注意车辆的排放是否达标。

(3) 注意耗油量　燃油费在养车费用中所占的比重较大,选择一辆油耗较低的车辆,可为今后的车辆使用节省很多费用。

(4) 自动档汽车省事不省钱　自动档汽车操纵简便,换档平顺,降低了劳动强度。但城市道路拥堵严重,会造成车辆行驶时走走停停。由于自动档汽车大多使用液力机械传动,而液体传递动力效率较低,这就造成了自动档汽车比纯机械传动的汽车(即手动档汽车)耗油量大、经济性差。另一方面,自动档汽车结构较为复杂,加工精度较高,因此汽车的售价和使用维修费用也相对较高。当然自动档的汽车驾驶性能优于手动档的汽车。

(5) 动力的选择　家庭轿车要兼顾经济性、舒适性、动力性和安全性几个方面。动力过小,难以满足使用要求,动力过大又会造成经济浪费。若动力性选择不合适,其他几个方面也就无从谈起。如果常拉重物、爬陡坡、走高速,比较适合买大功率的汽车;不常拉重物、爬陡坡、走高速,并且通常开车的时速都在80～100 km/h或更低,买较小功率的汽车较好。一般家用选择1～1.6升排量的汽车较为合适,当然近年来各汽车制造厂商都推出了小排量(1升以下)涡轮增压发动机的汽车,也是目前家用车的首选。

3. 确定汽车产地

同样价位的国产车与进口车相比较,建议购买国产轿车。这是因为:

(1) 虽然进口轿车在质量上优于国产车,但入关需缴纳各项税费,缴纳税费后进口车的价格比同样档次的国产轿车要高出30%左右。因此,花同样的钱可以买到更高档次的国产车。

(2) 国产品牌轿车的售后服务已形成了一套较规范的制度,修配网点遍布全国各大中城市,且收费相对便宜。而进口汽车就不一定有这种便利条件,并且进口车性能、构造变化很快,国内维修技术人员的知识更新较慢,就可能造成不能及时提供高效优质的售后服务。

(3) 进口车配件价格昂贵,工时费也很高,造成养车费用居高不下。

普通消费者很难辨别进口配件的真伪,以及汽车是否是水货。一旦出现以上问题,消费者的权益将很难得到保障。所以,在选择进口车时,应仔细权衡利弊,再作决定。

二、二手车选购的注意事项

1. 选购二手车时的车辆检查

(1) 检查是否属于事故车辆。应仔细查看车门、车头部、车身及尾部等部件的接缝。如果车身几大块的接缝处的缝隙大小不一、线条弯曲,装饰条脱落或缺失,证明该车属于事故车,只是经过大修或整修,可能车身隐藏有较大缺陷。

(2) 检查车身外表是否重新喷漆。这往往能掩盖旧车的翻新,一般能从车窗四周和镶条上多余的漆流看出来。

(3) 不要太相信仪表盘上的里程数。其实里程数只是参考,应检查原车的 VIN 17 位码即车辆身份证,从生产日期可大致推断出车辆的实际里程数。

(4) 车身内部也要细致检查。翻开地毯,看一看座椅支架、厢体底部有无锈迹或水印,检查是否是水浸车,千万不要被外表的亮丽装饰所蒙惑。同时,也要检查配置是否齐全。

2. 购买前应核对的随车资料

购买二手车时,既要考虑车辆的现实技术性能是否与价格相适合,也要认定该车的来路是否正当,手续资料是否齐全且真实有效。因此,在购买二手车前,一定仔细核对以下材料,以免埋下隐患。

(1) 查看该车出厂时的技术资料、产品合格证是否真实有效。

(2) 查看该车的购置发票、车辆购置税缴纳凭据是否真实有效。

(3) 查看该车的行车执照,核对该车的颜色、出厂日期、发动机号和底盘号与行车执照上的记载是否一致。

(4) 查看该车的养路费、车辆保险、车船使用税是否在有效期内。

(5) 查看该车本年度是否已年检。

(6) 查看随车携带的汽车牌照是否真实、齐全。

(7) 查看《机动车登记证》是否与车辆一致。

3. 购买时应遵守的交易规则

二手车交易必须有户口、有牌照。交易时,必须先到车辆户籍所在地的车辆管理所申请临时检验,合格后,填写过户申请表,方可正式交易。二手车交易需经机动车交易市场审核买卖双方出具的证明及上述各种手续资料,成交价格必须体现公平交易、随行就市、按质论价、旧不超新的原则。

4. 二手车过户流程

由于我国二手车交易市场才兴起不久,相关手续也显得繁琐。不过,只要了解了相关流程,不需要代办也可以顺利地完成车辆的过户。过户流程分以下两种情况操作。

(1) 车辆号牌不需改变 如公过公、私过私等。

① 申请人到车管所门口领表(机动车过户、转出、转入登记申请表,机动车登记业务流程记录单,机动车注册/转入登记申请表);

② 到综合业务受理窗口申请核档;

③ 7 个工作日后取回核档资料;

④ 核档合格后,持资料开车到车管所指定的地点验车、评估(如属小型汽车及摩托车还需刑侦验车);

⑤ 到旧车交易中心交交易费、办理养路费签章,备齐其他资料;

⑥ 到车管所综合业务受理窗口交过户资料;

⑦ 取得待理凭证;

⑧ 待理凭证到期后,到车管所缴纳制证工本费;

⑨ 领取新行驶证(若资料不合格则领取退办资料)。

(2) 车辆号牌需要改变 如公过私、私过公等。

① 申请人到车管所门口领表(机动车过户、转出、转入登记申请表,机动车登记业务流程记录单,机动车注册/转入登记申请表);

② 到综合业务受理窗口申请核档;

③ 7个工作日后取回核档资料;

④ 核档合格后,持资料开车到车管所指定的地点验车、评估(如属小型汽车及摩托车需刑侦验车);

⑤ 到旧车交易中心交交易费、办理养路费签章,备齐其他资料;

⑥ 到车管所综合业务受理窗口交过户资料;

⑦ 取得待理凭证,7个工作日后到车管所领取《换发号牌通知书》;

⑧ 凭《换发号牌通知书》到车管所交回旧号牌并领取新号牌。新号牌装好后,在领牌点照相;

⑨ 待理证到期后,到车管所缴纳制证工本费,领取新行驶证(若资料不合格则领取退办资料)。

拿到新的行驶证后,就可以办理车辆购置税过户。

友情提醒

> 车子过户后需要着手做的事情:首先最好换掉原车锁或防盗器;如果有可能,最好请车主详细介绍一下车辆的状况,一般成交后,车主才会说实话。同时,询问车主平时在哪里维修车辆,找哪个师傅,因为他们对此车比较了解,可以去修理厂详细询问,以便更好地掌握此车的实际车况。
>
> 在新的行驶证拿到手之前,不要急于对此车进行维修或装饰,一切都等拿到新的行驶证后再说。因为如果拿不到新的行驶证,过户会不顺利。如果修车后又过不了户,交易双方会在费用分担上闹得不愉快。

购买二手车时,消费者必须同卖方签订当地工商局制定的旧车交易合同,合同内必须写明买卖双方的情况和车辆的手续状况,明确车辆出现问题后的解决方式。消费者特别需要注意的是,在签订旧车交易合同时要详细写明日期、车辆型号、用途、费用支付的方式及数额,以及交易双方的合法有效证件和固定联系方式。

三、选购汽车的基本步骤

1. 咨询

(1) 网上查找经销商的报价,打电话咨询销售人员。

(2) 查找具体的经销商位置,到经销商店咨询。

2. 洽谈

(1) 商谈具体购买车型及实际成交价格。

(2) 询问售后服务优惠情况。

谈妥具体成交价格,就可以通过固定的费用费率计算出保险费用、验车上牌费用、购置税费用及养路费、车船使用税等。

3. 办理相关手续

（1）洽谈成交后，就可以到车辆存放地点挑选车辆，并对选定新车进行全面检查，包括车况检查、随车工具检查、钥匙检查。核对钥匙、点烟器、停车牌及工具包，保证完整无缺。

（2）付清车款。转账需要到银行办理。

（3）由销售人员帮助填写销售业务流程单，车主个人资料、车辆信息填写完整。保险金额由客户服务部计算无误后填写，并由车主签字确认。

（4）销售人员持车主本人有效证件、车辆合格证、业务流程单、装饰单到财务部交款，财务部收到各款项后，应开具汽车零售/增值发票。

（5）复印发票、车辆合格证、车主身份证、指定驾驶员驾照等客户资料，出保单。

（6）销售人员持发票原件（二联、四联）、合格证原件、车主身份证原件，到工商部门办理工商验证（这一步很重要，是二手车转让的必需手续）。

（7）销售人员持车主身份证、发票、车辆合格证到客服保险部投保并出保单后，将以上手续转交客户服务部（验车部）办理验车上牌。验车上牌后，由客户服务部与车主办理相关车辆手续交接，并签字确认（发票、车辆登记证、年检标、尾气排放标、行驶本）。

（8）由验车员带领车主缴纳购置税，并按区域验车上牌。

（9）由销售人员带领持装饰流程单到维修前台为新车办理汽车装饰业务。

（10）办理验车上牌等相关车辆手续。

（11）办理新车交付：检查车辆外观、灯光、液面、随车工具及物品等；询问新车功能、使用常识，以及售后相关知识（保养维修常识及价格、售后索赔政策、救援政策）；在销售人员填写的"出库验收单""销售定单""技术报告单"上面签字确认；填写保修手册，领取保修手册、说明书。

1. 通过学习本活动内容，了解如何购买一辆汽车，并能够帮别人拟定一套适宜的购车方案。

2. 检阅相关的法律法规，试计算出本地区二手车的过户费。

活动三　怎样阅读汽车说明书

汽车是一种技术含量较高的消费品，涉及生活中许多方面。而一辆车子的性能、配置，车主的权利、义务，在厂家提供的产品说明书里都能全面地反映出来。消费者只有对此有所了解，才能在买车、用车时做到心中有数。

1. 汽车说明书里有什么内容？
2. 怎样对照汽车说明书认识车辆？
3. 一辆汽车如何才能保持良好的工作状况？

一、汽车使用说明书

一般情况下，汽车说明书包括下面几部分内容。

1. 仪表板的配置

这部分内容告诉我们仪表板上所有开关、报警灯、按钮等的位置和名称，这有助于熟练地掌控仪表板上的各项内容，避免操作中由于不熟悉而造成操控失误。

2. 操作

这部分内容主要教我们如何使用驾驶室内的操控开关，并详细地介绍了所有需要操作的开关、按钮情况，以及需要调节的零部件的调节方法。

3. 驾驶指南

（1）磨合期　这部分内容告诉我们该车的磨合期行驶里程、磨合期内各档位的行驶速度和发动机转速，以及在磨合期间驾驶车辆的注意事项。

（2）安全驾驶　这部分内容介绍了出车前应检查的项目及必要性、驾驶中保证安全的注意事项，以及如何经济驾驶、规范驾驶。

4. 操作指导

这部分内容首先介绍了该车需要加注何种燃油、机油、冷却液、制动液、变速箱齿轮油，并说明了发动机机油、冷却液、制动液、变速箱齿轮油的液面检查方法、更换里程及正常情况下的消耗情况；其次介绍了制动系统、清洗系统、各个踏板及蓄电池的操作、维护、调整方法；最后介绍了车辆轮胎的维护、使用，以及简单的检测方法和换位方法。

5. 维护指南

定期、细致的保养有助于保持汽车的价值，也是汽车腐蚀、损坏时提出索赔要求的先决条件之一。这部分内容主要介绍需要经常维护的部位，包括车身表面、发动机舱、驾驶室及底部保护层，其中有些项目需要到专业维修厂维护保养。

6. 应急指南

主要教我们随车工具的放置位置及使用方法，并介绍了一些应急故障的处理办法及车灯灯泡、保险等零部件的更换方法。

7. 保养及其他服务

介绍保养的周期以及保养的内容，见表1-1、1-2。

驾车行驶里程达到 7 500 km，或者行驶时间满 6 个月时，应当立即到就近的汽车特约维修站为车辆进行首次保养服务。行驶里程达 7 500 km 和行驶时间达 6 个月这两个条件，以先出现者为准。

表 1-1　新车首次保养项目

序号	保养项目	检查内容
1	发动机	检查有无渗漏(机油、防冻液、燃油、空调系统等),同时用故障诊断仪进行故障诊断
2	点火正时	检查,必要时调整
3	怠速时CO含量	检查,必要时调整
4	机油	更换
5	机油滤清器	更换
6	变速箱/传动轴	检查有无渗漏及损坏
7	蓄电池	检查酸液,必要时加入蒸馏水
8	冷却系统	检查防冻液液面高度及防冻能力,必要时更正并进行压力测试
9	发动机盖锁、门铰链、门拉带	检查润滑情况
10	前束	检查,必要时调整
11	前制动摩擦片	检查厚度

表 1-2　检修保养服务项目

保养项目	检修内容	里程数/km	
		7 500	15 000
照明、警告闪光装置、喇叭	检查性能	*	*
雨刷器和清洗装置	检查性能,必要时注入清洗液	*	*
离合器	检查电瓶酸液,必要时加入蒸馏水		
蓄电池	检查电瓶酸液,必要时加入蒸馏水		
发动机	检查有无渗漏(机油、防冻液、燃油、空调系统等),同时用故障诊断仪进行故障诊断	*	*
冷却系统	检查防冻液液面高度及防冻能力,必要时更正并进行压力测试	*	*
三角皮带	检查静止状态张紧度,必要时张紧或更换		*
火花塞	更换(非长时间火花塞)		*
空气滤清器	清洗外壳,更换滤芯		*
燃油滤清器	更换	30 000	
发动机盖	上、下部润滑(包括搭钩)		*

(续 表)

保养项目	检修内容	里程数/km	
		7 500	15 000
门盖铰链、门拉带	润滑	*	*
机油	更换	*	*
机油滤清器	更换	*	*
操纵	检查波纹管有无渗漏与损坏		*
制动装置	目测有无渗漏及损坏		*
底板保护层	目测有无损坏	30 000	
排气装置	检查有无损坏		*
转向横拉杆头	检查间隙、固定程度及防尘罩	*	*
传动轴	检查防尘罩有无损坏	*	*
变速箱/主传动/轴护套	目测有无渗漏及损坏	*	*
制动摩擦片	厚度检查	*	*
手制动	检查,必要时调整(非自动调整)		*
轮胎(包括备用胎)	检查花纹深度及花纹类型,调整轮胎压力		*
制动液状态、摩擦片衬面磨损	检查		*
车轮固定螺栓	根据扭矩检查		*
点火提前角	检查,必要时调整		*
怠速(转/分)	检查,必要时调整		*
怠速时CO含量	检查并调整		*
前灯灯光	检查,必要时调整		*
试车	脚、手制动检查,开关操纵及空调性能检查		*

注:1. 请按里程数到特约维修站保养;
　　2. 每行驶两年须更换一次制动液,如果两年不到但行驶里程超过 50 000 km 也须更换制动液。

8. 技术特性

主要介绍发动机、传动系统、转向系统、制动系统及车身的结构特点及技术特性。

9. 技术数据

(1) 主要尺寸　外形尺寸的参数,如图 1-5 所示。汽车设计师在确定汽车尺寸时,所要考虑的因素主要是机械布局和使用要求。其中,机械布局随各厂家的设计方案有所差异,而使用要求则主要由汽车所针对的目标市场级别而定。另外,汽车的外形尺寸还在很大程度上决定了

图1-5 汽车外形尺寸

汽车的通过性能和燃油经济性。

通常情况下,美国车的尺寸比欧洲车、亚洲车大很多,这主要是因为美国地大车少,油价低廉,对于汽车空间的要求远大于对节油性能的要求,美国人的生活环境决定了他们用不着把汽车造得太紧凑。日本则正好相反,为了改善道路拥挤状况,日本政府对汽车的税收等级是以外形尺寸(主要是占地面积)来划分的,车身越大使用费用越高,因此日本汽车造型设计所追求的是空间利用率,即在有限的车身尺寸下争取最大的内部空间。欧洲人也热衷于小型车,但他们制造小车的主要目的是为了节油和使用方便。

① 车长。车长是对汽车的用途、功能以及使用方便性等影响最大的参数,因此常常以车长来划分车身的等级。车身长意味着纵向可利用空间大,但太长的车身会给调头、停车造成不便,同时经济性也会下降。长度为 4 m 与 5 m 的汽车在驾驶感觉上会有很大的差异,一般中小型轿车车长 4 m 左右,接近 5 m 的一般都是高级轿车。

② 车宽。宽度主要影响乘坐空间和灵活性。车身如果太宽,会降低在市区行走、停泊的方便性。轿车车宽 2 m 是一个公认的上限,接近或超过 2 m 的车辆都会很难驾驶。

③ 车高。车身高度直接影响车辆的重心(操控性)和内部空间,大部分轿车高度在 1.5 m 以下。这主要是从降低全车重心的角度考虑,确保高速拐弯时不会翻车。MPV(multi-purpose vehicle)即多用途车、面包车等,为了营造宽阔的乘坐和载货空间,车身一般比较高(1.6 m 以上),但整车重心也随之升高,转弯时车身侧倾角度大。这是高车身车辆的一个重大特性缺陷。

此外,小型车为了在有限的占地空间内扩大车厢空间,近年来有向上发展的趋势,但重心升高必然会导致主动安全性下降。

④ 轴距。当车身尺寸确定后,轴距是影响乘坐空间最重要的因素,因为绝大多数的两厢和三厢车的驾驶员座位都是布置在前后轴之间的。长轴距使驾驶员的纵向空间增大,大大增加影响车辆乘坐舒适性的脚部空间。在行驶性能方面,长轴距能提高直路巡航的稳定性,但转向灵活性下降,转弯半径增大。因此,在稳定性和灵活性之间必须取舍,找到合适的平衡点。

(2) 车重　汽车愈重,所需发动机功率愈大,燃油消耗愈大,经济性越差。

(3) 发动机参数　主要有以下几个:

① 最大功率。这是衡量发动机动力性的重要参数。发动机输出的功率越大,汽车的最高车速就越高。发动机输出的功率基本与发动机的转速成正比,但发动机的最大功率并不是出现在最高转速时。这是由于当转速达到一定值时,进气时间将大大缩短,充气效率将降低,造成"进不足,排不尽",严重地影响了可燃混合气的质量,因此随着转速的升高,发动机的功率反而会下降。这也是为什么说明书上要注明最大功率时所对应的转速。

功率的单位是 kW(千瓦),过去用马力表示,1 马力 = 0.745 7 kW。

② 最大扭矩。这是衡量发动机克服阻力、加速转动的能力。最大扭矩值出现点相对应的转

速越低,说明该车的起步加速能力越好;反之,则说明该车的中途加速能力较好。

③ 燃油消耗量。汽车说明书的燃油消耗量参数包括两部分,一部分为 90 km/h 等速时的燃油消耗量,另一部分为混合工况的燃油消耗量。但说明书上的燃油消耗量是汽车生产厂家在比较理想的行驶环境下测得的数值,与我们实际使用时的消耗量会有较大的误差。这个误差值随驾驶者和道路状况的不同而有所差异。

④ 加速性。使用说明书上的加速性用 0～100 km/h 的加速时间表示。该时间越短,说明该车的加速性能越好。但实际的加速时间可能要比说明书上的数值略大,原因与燃油消耗量中所述的情况相同。

⑤ 气缸数和排量。在汽车说明书上,经常可以看到"L3""L4""V6"等字样,表示的是发动机的汽缸排列形式和缸数。其中,L 表示直列。

发动机排量又称为发动机的总容积,是发动机各气缸工作容积的总和,单位为 L(升)。一般来说,排量越大,发动机的输出功率越大,动力性越好,燃油经济性越差。

10. 维修部分

这部分内容首先介绍了汽车维修的主要数据,如发动机机油的容量、火花塞的间隙、火花塞的更换里程等维修数据;其次,介绍了一些简单的维修操作及检测方法;最后,简单地介绍了前后牵引环的位置以及牵引车辆的方法。

二、汽车的使用方法

1. 各种开关的使用方法

不同车型开关外形、组合会有所不同,大体可以分为点火开关、灯光组合开关、空调开关、电动车窗开关、电动座椅开关、风窗玻璃刮水器开关、各种室内灯开关、天窗开关、音响系统开关等。

(1) 点火(起动)开关 点火开关大多数安装在方向盘柱的右下方,用于接通或切断汽车电源。点火开关一般有 4 个档位,分别标注 OFF 或 LOCK、I 或 ACC、II 或 ON、III 或 START。

OFF 或 LOCK:插入或拔出点火钥匙位置,在此位置时,方向盘会被锁住。

I 或 ACC:在此位置时,发动机关闭,音响和附属电器可正常使用。

II 或 ON:发动机工作位置。

III 或 START:起动机工作位置。

目前很多汽车采用了一键式起动,将点火开关换成了按压式。

(2) 灯光组合开关　灯光组合开关是控制照明灯光和信号灯光的装置,常见的是旋转式组合开关,大多数安装在方向盘左下方转向柱上,用左手操纵。

左转向:向下扳动组合开关手柄,左转向灯点亮,仪表盘上的左转向指示灯 ⬅ 点亮。

右转向:向上扳动组合开关手柄,右转向灯点亮,仪表盘上的右转向指示灯 ➡ 点亮。

小灯:将组合开关手柄逆时针转动一档,示廓灯、后位灯和牌照灯点亮,仪表盘上的示宽指示灯 点亮。

大灯:小灯点亮基础上,将组合开关手柄逆时针再转动一档,示廓灯、示宽指示灯 、后位灯和牌照灯点亮的同时,前照灯近光灯点亮,仪表盘上的近光指示灯 点亮。此时,向前推动组合开关手柄,远光灯点亮,远光指示灯 点亮。

AUTO:继续逆时针转动组合开关手柄,灯光系统将进入自动模式,根据行车环境的亮度自动点亮小灯、大灯等。

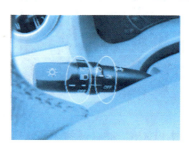

前雾灯:开启大灯后,将雾灯旋钮转动至ON位置,即可点亮前雾灯及仪表盘上的前雾灯指示灯 。

（3）风窗玻璃刮水器开关　风窗玻璃刮水器组合开关是控制刮水器的操作装置,大多数安装在方向盘右下方转向柱上,用右手操纵,将开关手柄向下拉或向上推,可选择不同的刮刷档。

MIST(1×)：手动档,将开关拨到此位置时,刮水器低速档工作；手放松后,开关自动回到OFF位置,雨刮回位。

OFF：关闭刮水、洗涤。正常情况下,雨刮片应能自动回位到前挡风玻璃最下端。

INT(　　)：间歇档,刮水器每隔10 s工作一次(不同车型间歇时间稍微不同)。为了适应不同的雨量,很多中、高档汽车上设置了3个以上不同间歇时间的档位,如上汽大众途观等。

LO：低速档,刮水器低速工作。

HI：高速档,刮水器高速工作。

　　：洗涤档,喷水器喷水后,雨刮器低速档刮洗一次前挡风玻璃。

（4）车窗控制开关　一般在主驾驶一侧,会设置控制4个车窗升降的开关,往下压按开关,可将玻璃摇下,往上提拉,则将车窗玻璃向上摇。每一侧车门上会单独设置一个控制该侧车窗玻璃的上升和下降的按钮。

若开关上标明AUTO,则说明该侧车窗可自动升降,一般用于主驾驶侧,目的是为减轻驾驶员疲劳。一些中、高档车上,为追求更大的舒适性,每一侧车窗均设置了自动升降功能。

（5）天窗控制开关　不同车型，天窗开关不同。

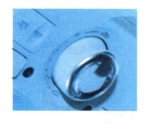   

使用时，可根据天窗开关旁的文字说明或符号标识操作控制。

（6）门锁开关　每一侧车门上都有门锁开关及门把手，用于开启和锁紧车门。

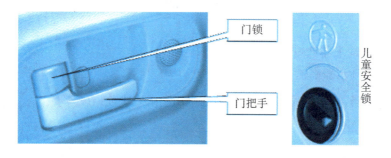

当后排只有儿童乘坐时，为了保证儿童安全，有些车型还加设了儿童安全锁。

（7）后视镜开关　用于调整车外后视镜的角度，以观察车后情况，提高安全性能。

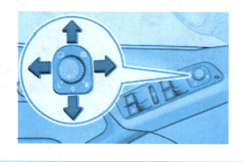 

调整时，先选择左前后视镜（L）或右前后视镜（R），而后再根据需要进行上、下、左、右调整。

2. 汽车操纵机构

离合器踏板、制动踏板、加速踏板、方向盘和变速杆是手动档汽车的5个操纵机构,如图1-6所示。熟练掌握这些操纵机构的正确使用方法和技巧是保证行车安全的关键,也是每个汽车驾驶员必须具备的基本操作技能之一。

图1-6 手动档汽车操纵机构

(1) 方向盘的正确使用 方向盘又称转向盘,其作用是控制导向车轮,改变车辆行驶的方向,使汽车直行、向左或向右转弯。

为说明手握转向盘的位置,可以把转向盘比作钟表,左手应握在9点和10点之间,右手应握在3点和4点之间,过高、过低都会影响转动方向盘的速度。

用食指到小手拇指4个手指由外向里握住方向盘轮缘,再将大拇指向上自然伸直,轻轻握住方向盘。

(2) 离合器踏板 它是手动档汽车离合器总成的操纵装置,用于起动、变速和停车过程中联通和切断发动机动力与变速箱的连接。离合器踏板的使用频率非常高,它的正确使用对于车辆的平稳起步、顺利换档非常重要。

正确的踩踏位置是将左脚置于离合器踏板中央,用左脚掌踩踏。踩踏离合器踏板时,应一次到位,一脚到底。松抬离合器踏板时,自然地将膝盖部上抬,快慢要有层次。

离合器的回位应遵循"二快、二慢、一停顿"的操作原则:

一快:开始松抬离合器时,动作要快,以便克服离合器踏板的空行程;

一慢:离合器踏板的空行程结束后,离合器开始接合(尚处于半接合状态),此时应慢慢松抬离合器踏板,使离合器平稳接合;

一停顿:松到离合器处于半接合(半联动)状态时,应稳住离合器踏板,稍稍停顿(注意,短暂的停,而不是长期的停);

二慢:当离合器从半接合到松至完全结合时(全联动),抬离合器的动作要慢;

二快:离合器松至完全结合后(还有一段离合器自由行程),应迅速将脚从离合器上移开,放在离合器踏板的左下方,动作要快。

(3)制动踏板 又称刹车踏板或脚刹车,它的作用就是在行驶中强制降低汽车行驶速度以至停车。制动踏板使用是否得当,直接关系到汽车的行驶安全和乘客的舒适感。

① 选择合适的脚踏位置。应用右脚趾根部的脚掌踩制动踏板。用脚尖踩踏容易打滑,用脚心踩踏不能精确调整。

② 踩踏制动踏板的要领。操纵制动踏板时,两手应平握方向盘,先放松加速踏板,然后用右脚掌踏在制动踏板上,以膝关节和踝关节的伸展动作踩下或放松制动踏板。

踩踏制动踏板时不能看踏板,必须条件反射式、迅速地踏,这是非常重要的。应将脚置于正确位置反复练习,原则上必须右脚踩踏板。即使是自动档汽车,为了防止出错也要用右脚踩踏板。

使用中应尽量选择预见性制动。发现情况,在确保安全的前提下应尽量利用发动机的牵阻作用降低车速,少用制动,尽量避免使用紧急制动,从而减轻制动器的磨损。

(4)加速踏板 又称油门踏板或油门,用于控制发动机转速。

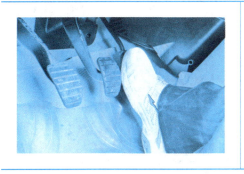

踩踏时,将右脚的脚跟置于地面,以脚跟为支点,脚掌轻轻用力踩踏;回位时,脚跟不动,将脚尖抬起。

踩踏加速踏板时,用力要柔和,徐徐加速,不宜过急。要做到连续轻踩,缓慢松抬,不可忽踩、忽放或连续抖动。

除必须使用制动踏板外,其余时间右脚都应轻放在加速踏板上。一般情况下,千万不能无故抖动加速踏板,以防止传动系统运转不稳。在冷车起动后,应采用减小油门的方法,使发动机运转至正常工作温度,绝对禁止在冷车起动时加大油门。否则,将造成发动机在润滑状态不良的情况下,因高速运转而导致烧瓦、拉缸等。回位加速踏板时,缓慢松抬。

(5) 变速杆的正确使用　变速器换档杆简称变速杆,是变速器的操纵机构,一般安装在驾驶座的右侧位置或转向柱上,如图1-7所示。它通过改变不同比例的变速器齿轮的接合或分离,使汽车加速、减速停车或向后行驶。

  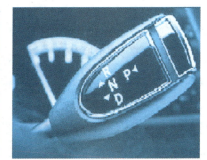

图1-7　变速杆

① 变速杆的握法。操纵变速杆时,两眼应注视汽车行驶的前方,左手握稳方向盘,右手以手掌掌心贴住变速杆球头,五指自然握向手柄,以手腕和肘关节的力量为主,肩关节为辅,操纵变速杆。

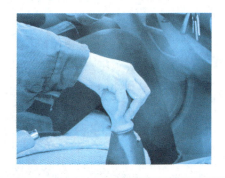

② 各档位基本功能。各车型手动档变速器的档位数和位置不尽相同,但档位排列的原理基本一致:前进档按由上至下,先左后右的顺序递增;倒档在左上或右下角位置;横向中间为空档。

(续　表)

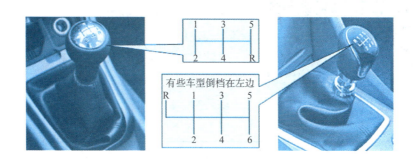

1档：驱动力最大，速度最慢，起步、行驶时使用。用于车辆起步、慢速、爬坡或车速低于10 km/h，属低速档位。

2档：驱动力比1档小，速度比1档快，根据坡度和速度要求选择使用。当车速大于20 km/h时，应使用2档，属中速档位。

3档：驱动力比2档小，速度比2档快。当车速大于30 km/h时，应使用3档，属中速档位。

4档：驱动力小，速度快，正常行驶时使用。当车速大于40 km/h时，应使用4档，属高速档位。

5档：当车速大于50 km/h时，应使用5档，属高速档位。

R位：倒车档，车辆倒退时使用。

③ 换档。换档时，两眼应注视前方，左手握稳方向盘，在右脚松抬加速踏板的同时，左脚踩下离合器踏板，右手用手腕、肘关节的力量将变速杆前推或后拉，以实现摘档或挂入某一选定的档位。

特别提醒　换档时，不得低头看变速杆；变速杆的操纵动作要轻快、准确、柔和，不可用力过猛，也不要硬拉硬推，以避免变速器齿轮发响；挂倒档时，一般需要压缩倒档弹簧或提起倒档按钮，并在汽车停止状态下进行；在确保安全情况下，应尽量使用高速档，以减轻机件的磨损和降低油耗；要根据路面及交通情况，及时调整好车速。

④ 自动变速器的档位。自动变速器有有级变速与无级变速两大类，其形式不一样，但操作使用基本相同。

P档：停车档，停车和起动发动机时使用。此时，自动变速器的停车锁止机构将变速器输出轴锁止，使驱动轮不能转动。

（续　表）

变速杆

仪表盘上的档位指示灯

R档：倒车档，车辆倒退时使用。只有在停车后才能挂此档。

N档：空档，临时停车或换档时使用。此时不能传递动力，保持车辆当前的状态（这个档位也能起动发动机，安全起见，应在P位起动发动机）。

D档：正常行驶档，通常行驶时使用。一般有3～4个前进档，它们随着节气门开度的大小和发动机负荷自动换档。

3档：坡度高速档，发动机制动时使用，用于丘陵起伏路或市区交通繁忙不需要很高车速时。

2档：长坡档（次低速档），需要发动机制动时使用，用于长距离爬坡和下缓坡时。

1(L)档：低速档，需要强发动机制动时使用，用于下长坡和陡坡时。

（6）驻车制动器操纵装置　又称手制动、手刹，它一般是在汽车停车时使汽车保持刹车状态或在陡坡路段起步，常见的有手拉式、按钮式和脚踏式，如图1-8所示。

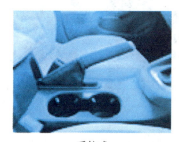
手拉式

按钮式

脚踏式

图1-8　驻车制动器操纵装置

① 手拉式驻车制动器操纵杆。驻车制动器操纵杆一般设置在驾驶室底板。操纵时，四指并拢握住操纵杆，大拇指虚按在操纵杆顶的按钮上，向上或向后拉紧，即起制动作用；放松时，先将操纵杆稍向上或向后拉，然后用大拇指按下杆头上的按钮，再将杆向下或向前推送到底，即解除制动。

(续　表)

② 脚踏式驻车制动器操纵装置。脚踏式驻车制动器一般安装在方向盘左下方,离合器左边。

使用驻车制动时,应用右脚先踏下制动踏板并保持踏下位置不动,然后用左脚踏下驻车制动踏板;解除驻车制动时,应用右脚先踏下制动踏板并保持踏下位置不动,同时用左脚踏下驻车制动踏板,当抬起左脚时驻车制动踏板会随其回到松开位置。

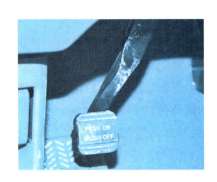

③ 电子驻车制动器装置。又称电子手刹,外形简洁美观,使用方便。中端以上车常见配置,如奥迪 A4、A6、迈腾、林荫大道、新一代君威、路虎揽胜等。它是通过一个按键来启动/关闭手刹功能。

电子手刹分两种,一种就是纯开关型,按一下手刹工作,再按一下停止工作;另一种像玻璃升降开关一样,往上勾一下开关工作,往下按一下停止工作。

实践活动

1. 利用汽车说明书,查找该车的结构、性能和使用时的注意事项。
2. 利用业余时间,上网查找 4 种车型的技术数据,并做相应记录;在班级中分组训练,向其他同学推荐某一车型。

活动四　怎样识别 VIN 汽车代码

目前,世界各国汽车公司生产的绝大部分汽车都使用了汽车识别代码(简称 VIN)。汽车整车及配件营销人员、汽车修理工、汽车保险人员、二手车的评估人员、车辆交通管理人员以及与汽车相关的其他人员,都需要了解、认识和掌握汽车规格参数和性能特征等信息,汽车识别代码是必不可少的信息工具。而且当汽车打上识别代码后,其代号将伴随汽车从注册、保险、年检、维修和保养,直到回收或报废的全过程。

1. 汽车 VIN 码有哪几部分内容组成？VIN 码标注在车辆的什么位置上？
2. 汽车的铭牌包含哪些内容？如何识读汽车的铭牌？

一、VIN 码的含义

汽车识别代码(vehicle identification number，VIN)是汽车制造厂为了识别一辆汽车而规定的一组字码,它由一组英文字母和阿拉伯数字组成,共 17 位,故又称为 17 位码,如美国福特汽车公司轿车的 17 位码为 1LNLM81w6PJI06235。

17 位 VIN 码的每一位代码都代表着汽车某一方面的信息参数。从该码可以识别车辆的生产国家、制造公司或生产厂家、车辆的类型、品牌名称、车型系列、车身形式、发动机型号、车型年款(属于哪年生产的年款车型)、安全防护装置型号、检验数字、装配工厂名称和出厂顺序号码等信息。

现行的 VIN 是世界汽车通行的唯一身份标识。17 位代码共划分为 3 个部分,第一部分是必须经过申请、批准和备案才准使用的世界制造商识别代码(WMI),由 3 个字码组成的;第二部分是车辆的特征和特性说明部分(VDS),由 6 位字码组成;第三部分是车辆的指示部分(VIS),由 8 个字码组成的,具体情形如图 1-9 所示。

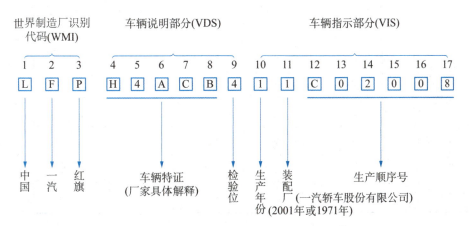

图 1-9　汽车识别代码(VIN)

1. 世界制造商识别代号（WMI）

第一位字码是由世界标准化组织（ISO）统一分配的标明地理区域的字母或数字，第二位字码是标明特定的地区或国家的符号，第一和第二位字码组合起来是唯一识别国家的标识，第三位字码是标明特定的制造商的标识。前3位结合起来，就可以知其国和知其厂。

2. 车辆说明部分（VDS）

开头就是排在17位字码中第四位的字码，是最大总质量（或排量）分级代码；第五位字码是按转向盘的位置和驱动桥进行车型划分的代码；第六位字码是发动机装配线的代码；第七位字码是车身类型的代码；第八位字码是发动机类型的代码；第九位字码是检验代码。

3. 车辆指示部分（VIS）

位于总位数第十位的字码是车辆的生产年份代码，见表1-3；第十一位字码是装配工厂的代码；第十二位字码是出厂时间代码；第十三～十七位的字码是出厂顺序号的代码。尽管世界各个国家的国情千差万别，各国在执行VIN的过程中都有技术处理，但是，编码的原则是规范的。所有的车辆识别代码均必须按VIN的规则办，都必须采用国际认可的阿拉伯数字和大写英文字母，即1234567890ABCDEFGHJKLMNPRSTUVWXYZ（字母I、O和Q均不能使用）。

表1-3　VIN标示年份的代码

年份	代码	年份	代码	年份	代码	年份	代码
1971	1	1986	G	2001	1	2016	G
1972	2	1987	H	2002	2	2017	H
1973	3	1988	J	2003	3	2018	J
1974	4	1989	K	2004	4	2019	K
1975	5	1990	L	2005	5	2020	L
1976	6	1991	M	2006	6	2021	M
1977	7	1992	N	2007	7	2022	N
1978	8	1993	P	2008	8	2023	P
1979	9	1994	R	2009	9	2024	R
1980	A	1995	S	2010	A	2025	S
1981	B	1996	T	2011	B	2026	T
1982	C	1997	V	2012	C	2027	V
1983	D	1998	W	2013	D	2028	W
1984	E	1999	X	2014	E	2029	X
1985	F	2000	Y	2015	F	2030	Y

例 1：某一丰田凌志汽车的 VIN 码。

J	T	8	U	F	1	1	E	8	L	O	0	0	9	4	3	8
1	2	3	4	5	6	7	8	9	10	11	12	13	14	15	16	17

第一位：制造国籍。J 为日本。

第二位：生产企业。T 为丰田汽车公司。

第三位：车辆类型。8 表示乘用车。

第四位：发动机形式。J 为 2JZ—GE3.0LV6，U 为 1UZ—FE4.0LV8，V 为 2VZ—FE2.5LV6 或 3VZ—FE3.0LV6。

第五位：汽车系列。C 为 ES300，F 为 LS400，K 为 ES300，U 为 LS400，V 为 ES250，Z 为 SC300/SC400。

第六位：汽车型号。1 表示 UCF10 型 LS400 或 UCK10 型 ES300；2 表示 VCV21 型 ES250；3 表示 JZZ31 型 SC300 或 UZZ300 型 SC400。

第七位：系列分级。0 表示 SC400，1 表示 L400/SC300，2 表示 ES250，3 表示 ES300。

第八位：车身形式。C 表示两门跑车，E 表示 4 门轿车，T 表示 4 门硬顶式。

第九位：工厂内部检验号。

第十位：车辆出厂年份。L 为 1990 年。

第十一位：装配厂。O 为日本装配厂。

第十二~十七：汽车生产序号。

根据编号规则，本例中的日本丰田凌志汽车的 17 位号码的含义为：日本丰田汽车公司制造的凌志乘用车，装用了 1UZ—FE4.0LV8 发动机，车型为 UVF10 型 LS400，4 门轿车，出厂检验号为 8，1990 年出厂，生产序号为 009438。

例 2：上海大众集团 VIN 码含义。

L	S	V	H	H	1	3	3	0	2	2	2	0	4	3	2	1
1	2	3	4	5	6	7	8	9	10	11	12	13	14	15	16	17

第一~三位：世界制造厂识别代码。LSV 为上海大众汽车有限公司。

第四位：车身形式代码。A 为 4 门折背式车身，B 为 4 门直背式车身，F 为 4 门短背式车身，H 为 4 门加长型折背式车身，K 为两门短背式车身。

第五位：发动机/变速器代码。

上海桑塔纳轿车、上海桑塔纳旅行车、上海桑塔纳 2000 轿车系列：A 为 JV(026A)/AHM，B 为 JV(026A)+LPG/AHM，C 为 JV(026A)/2P，D 为 JV(026A)+LPG/2P，E 为 JV(026A)+CNG/2P，F 为 AFE(026N)/2P，G 为 AYF(050B)/QJ，H 为 AJR(06BC)[AYJ(06BC)]/2P，J 为 AYJ(06BC)/FNV，K 为 AFE(026N)+LPG/2P，L 为 AYF(05PB)+LPG/QJ，M 为 AYJ(06BC)+LPG/2P。

上海帕萨特轿车 PASSAT 系列：A 为 ANQ(06BH)/DWB(FSN)，B 为 ANQ(06BH)/DMU(EPT)，C 为 AWL(06BA)/EZS，D 为 AWL(06BA)/EMG，E 为 BBG(087.2)/EZY，L 为 BGC(06BM)/EZS，M 为 BGC(06BM)/EMG。

上海波罗轿车 POLO 系列：A 为 BBC(036P)/GET(FCU)，B 为 BBC(036P)/GCU(ESK)，C 为 BCD(06A6)/GEV(FXP)。

上海高尔轿车 GOL：A 为 BHJ(050.C)/GPJ。

第六位：乘员保护系统代码。0 为安全带，1 为安全气囊(驾驶员)，2 为安全气囊(驾驶员和副驾驶员、前座侧面)，3 为安全气囊(驾驶员和副驾驶员、前后座侧面)，4 为安全气囊(驾驶员和副驾驶员)，5 为安全气囊(驾驶员和副驾驶员、前后座侧面、头部)，6 为安全气囊(驾驶员和副驾驶员、前座侧面、头部)。

第七、八位：车辆等级代码。33 为上海桑塔纳轿车、上海桑塔纳旅行轿车、上海桑塔纳 2000 轿车，9F 为上海帕萨特轿车，9J 为上海波罗轿车，5X 为上海高尔轿车。

第九位：工厂检验代码。

第十位：生产年份代码。2 为生产年份为 2002 年。

第 11 位：生产装配工厂。2 为上海大众汽车有限公司。

第十二～十七位：工厂生产顺序代码。

二、汽车上铭牌的内容

根据国家标准《机动车运行安全技术条件》(GB 7258—2004)，车辆必须装置产品铭牌，铭牌应置于车辆前部易于观察之处。汽车的铭牌有如下几个方面内容：

1. 车型标志

车辆在车身前部外表面的易见部位，应至少装置一个能永久保持的商标或厂标；在车身外表面的易见部位，应装置能识别车型的标志。

（续　表）

2. 产品标牌

车辆必须装置能永久保持的产品标牌。产品标牌应固定在明显的、不受更换部件影响的位置，其具体位置应在产品使用说明书中指明。

标牌应标明厂牌，车辆型号，发动机标定功率或排量（挂车除外），总质量，载质量或载客人数（工程作业车除外），出厂编号，出厂年、月及生产厂名。

3. 发动机型号

发动机型号应打印（或铸出）在气缸体易见部位，出厂编号应打印在气缸体易见且易于拓印部位，打印字高不小于 7 mm，深度不小 0.2 mm，型号在前，出厂编号在后，在出厂编号的两端应打印起止标记（☆）。

 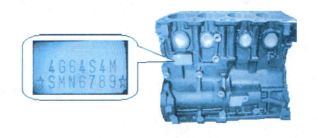

4. 整车型号、出厂编号

整车型号和出厂编号应打印在车架（对无车架的车辆为车身主要承载且不能拆卸的构件）易见且易于拓印部位，打印字高为 10 mm，深度不小于 0.3 mm，型号在前，出厂编号在后。在出厂编号的两端应打印起止标记（☆），打印的具体位置应在产品使用说明书中指明。易于拓印的车辆识别号（VIN），可代替整车型号和出厂编号。

三、汽车识别代码的安装位置

对于 VIN 码在汽车上的安装位置，各国汽车生产厂家的各类车型不尽相同。例如，美国规定 VIN 码应安装在汽车仪表板左侧，在车外透过挡风玻璃可以清楚地看到且便于检查。而欧洲共同体，则规定 VIN 码应安装在汽车右侧的底盘车架上或标写在厂家铭牌上。

我国《车辆识别代码（VIN）管理规则》规定，汽车识别代码应尽量位于车辆的前半部分、易于看到且能防止磨损或替换的部分。对于小于或等于 9 人座的乘用车和最大总质量小于或等于 3.5 t 的载货汽车，车辆识别代码应位于仪表板上靠近风窗立柱的位置，在白天日光照射下，观察者不需移动任一部件从车外即可分辨出车辆识别代码，如图 1-10 所示。

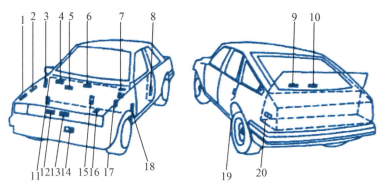

图 1-10 常见汽车 VIN 码的 20 种安装位置

1. 通过书籍、网络，了解中华人民共和国国家标准 GB/7258—2004《机动车安全运行技术条件》中对汽车的 VIN 码和铭牌的明确要求。

2. 在生活中，利用身边的汽车，看看自己能不能找出车子 VIN 码和汽车的铭牌，并弄懂 VIN 码、铭牌所反映出的信息。

活动五　怎样评价汽车性能

世界上有数千家汽车制造厂家，生产的汽车也多种多样，如何评价同一类型的车辆性能，如何对比分析，是汽车从业人员面临的一个难题。因此，首先应该根据汽车的功能看是否满足使用需要，然后再根据汽车的动力性、经济性、环保性和舒适性等方面对汽车测评，从而得出汽车综合性能的评价。

1. 汽车的主要性能指标有哪些？
2. 汽车的动力性、经济性评价是如何进行的？

一、汽车的主要性能指标

汽车的主要性能指标有动力性、经济性、制动性、操纵稳定性、行驶平顺性和通过性等。

（1）汽车的动力性　是指汽车直线行驶在良好路面上所能达到的平均行驶速度。

（2）汽车的燃油经济性　是指汽车以最小的燃料消耗完成单位运输工作的能力。

(3) 汽车的制动性　是指汽车行驶时能在短距离内停车,且维持行驶方向稳定性和在下长坡时能维持一定车速的能力。

(4) 汽车的操纵稳定性　汽车的操纵稳定性包括两部分,即操纵性和稳定性。操纵性是指汽车快速、准确地响应驾驶员发出的转向指令的能力;稳定性是指汽车受到外界干扰时,能抵抗干扰而保持稳定行驶的能力。

(5) 汽车的行驶平顺性　是指汽车在一般使用速度范围内行驶时,能保证乘坐者不致因车身振动而引起不舒适和疲乏感觉,以及保持所运货物完整无损的性能。

(6) 汽车的通过性　是指汽车在一定装载质量下,能以足够高的平均车速通过各种坏路和无路地带(如松软地面、坎坷不平地段)以及克服各种障碍(陡坡、台阶、壕沟等)的能力。

二、汽车的动力性

汽车的动力性取决于发动机性能和传动系的特性参数,通常用最高车速、加速时间、最大爬坡度3方面评定。

(1) 最高车速　是指在水平、良好的路面(凝土或沥青路面)上,汽车能够达到的最高行驶速(km/h)。一般,载货车的最高车速为 80~110 km/h,轿车的最高车速可达 200 km/h 以上。

(2) 加速时间　通常用原地起步加速时间和超车加速时间来衡量汽车的加速能力。加速时间短,表示车的加速能力好,平均车速高。原地起步加速时间是指汽车由1档或2档起步,并以最大的加速强度逐一换至最高档后,达到某一预定距离或车速所需的时间。一般常用从 0~400 m 说明汽车原地起步的加速能力。超车加速时间是指用最高档或次高档由 30 km/h 全速加速至某一高速所需的时间。

(3) 最大爬坡度　是指汽车满载时,在良好路面上1档的最大爬坡度。所谓坡度是指坡道的垂直高度与坡道的水平长度之比值,一般用百分数表示。最大爬坡度表示汽车的爬坡能力。载货车的最大爬坡度为 30%,即 16.5°左右。

汽车最高车速越高、加速时间越短、最大爬坡度越大,则汽车的动力性能就越好。

三、汽车的燃油经济性

燃油经济性常用一定运行工况下,汽车行驶的百公里燃油消耗量或一定的燃油量能使汽车行驶的里程来衡量。我国的燃料经济性指标为百公里燃料消耗量,即行驶 100 km 的耗油量,单位为 L/100 km,如桑塔纳 3 000 油耗为 7.0 L/100 km。美国、英国等一些国家用 mile/gal(英里/加仑)来评价。

四、汽车的制动性

汽车的制动性主要与制动机构的性能、轮胎的机械特性、道路条件、汽车行驶状况和制动操作有着密切的关系,通常用如下3方面评价:

1. 制动效能

制动效能是指汽车迅速降低行驶速度直至停车的能力,用一定初速度下的制动距离、制动减速度或制动时间来评定。制动距离最直观,与行车安全有直接关系,驾驶人可根据预估停车地点的距离来控制制动强度,故制动性技术参数中通常用汽车制动距离来表示制动效能。有关职能部门通常也按制动距离制定安全法规。制动减速度和制动时间在分析研究制动过程中是不可缺少的参数,为了便于车辆检查,也常用制动力来评价汽车制动效能。

制动效能是制动性能最基本的评价指标。

2. 制动效能的恒定性

制动效能的恒定性是指汽车高速制动、短时间多次重复制动和下长坡连续制动时制动效能的热稳定性。制动过程中,制动器温度升高,摩擦系数下降,汽车制动能力降低,这种现象称为制动热衰退。

3. 制动时方向稳定性

制动时方向稳定性通常是指汽车在制动过程中,维持直线行驶或按预定弯道行驶的能力。制动方向稳定性好的汽车,在制动时能维持直线行驶或按预定弯道行驶,不会发生跑偏、侧滑或丧失转向能力。

(1) 制动跑偏 是指汽车直线行驶制动时,自动向左或向右偏驶的现象。这主要是由于左右车轮(特别是转向轮)制动器制动力不等造成的,一般经过调整、维修可以消除。《机动车运行安全技术条件》中规定:在用制动力检验汽车制动性能时,前轴左、右轮制动力之差不得大于5%,后轴左、右轮之差不得大于8%。其目的就是防止发生制动跑偏现象。

(2) 侧滑 是指汽车制动时,某一轴的车轮或两轴的车轮发生横向滑动的现象。其原因是在较高车速下制动时,前、后轮发生抱死拖滑(特别是前、后轮抱死的时间不一致时,危险性更大),其结果往往会引起车辆转向,甚至完全掉头或失去转向能力而引发事故。现代汽车安装了制动防抱死系统和防侧滑系统,使这种危险发生的可能性大大降低。

五、汽车的操纵稳定性

汽车的操纵稳定性既取决于汽车结构参数,也取决于驾驶人及道路环境等多方面因素。如果稳定性能丧失,将导致汽车侧滑、倾覆;操纵稳定性丧失,汽车将失控。因此,它同样是现代汽车的主要性能。

六、汽车的行驶平顺性

汽车行驶的平顺性涉及路面不平度的统计规律,汽车悬架、座椅等的振动特性和人体对振动的反应。平顺性的优劣将影响汽车动力性、操纵稳定性及通过性,也影响汽车机构的工作可靠性和零部件疲劳寿命,是汽车主要性能之一。平顺性通常是由振动频率和振动加速度加权计算后评定。

(1) 汽车的振动频率 平顺性较好的汽车,其车身固有的振动频率应在 65~100 次/分钟的范围内。当高于此频率范围时,对乘客的生理反应及货物的完好性都会产生不利影响;而低于 60 次/分钟时,乘客易出现晕车等现象。

(2) 汽车振动加速度 振动加速度较大时,人的肌肉和器官难以适应,会引起乘客剧烈头疼和极不舒适的感觉。

七、汽车的通过性

评价汽车通过性的参数包括几何参数和支承与牵引参数,也和汽车的结构因素、使用因素以及汽车的其他使用性能有关。

1. 汽车通过性的几何参数

通过性的几何参数有最小离地间隙、接近角、离去角、纵向通过半径、横向通过半径、最小转弯半径等，如图1-11所示。

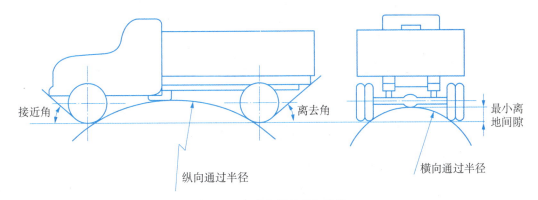

图1-11 汽车通过几何参数

（1）最小离地间隙（h_{min}） 指汽车满载时，其最低部位与地面间的距离（mm）。最小离地间隙越大，汽车通过性能就越好。

（2）接近角（γ_1） 指自汽车前端突出点向前轮引的切线与路面之间的夹角。它表示汽车接近小丘、沟洼等障碍物时，不发生碰撞的性能。接近角越大，通过性越好。

（3）离去角（γ_2） 指自汽车后端突出点向后轮引的切线与路面之间的夹角。

（4）纵向通过半径（ρ_1） 在汽车侧视图上所作的与前、后车轮及两轴中间轮廓线相切圆的半径。它表示汽车无碰撞地通过小丘、拱起障碍物的性能。ρ_1越小，汽车通过性越好。

（5）横向通过半径（ρ_2） 在汽车正视图上所作的与左、右车轮及两轮中间轮廓线相切圆的半径。

（6）最小转弯半径R_h和内轮差d 最小转弯半径是指汽车转弯时，转向盘转至极限位置后，外侧前轮所滚过的轮迹中心至转向中心的距离，如图1-12所示。最小转弯半径表示汽车在最小面积内的回转能力和通过狭窄、弯曲地带或绕过障碍物的能力。

内轮差是指前内轮轨迹与后内轮轨迹半径之差。

（7）半轮半径 汽车克服垂直障碍物，如台阶、壕沟等的能力与车轮半径有关。后轮驱动的汽车，所能克服的垂直障碍物的最大高度$h \approx 2r/3$，如图1-13（a）所示；双轴驱动的汽车$h \approx r$，如图1-13（b）所示。上述关系的近似性，是由于h

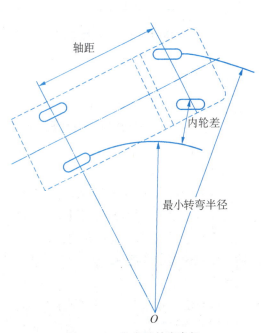

图1-12 汽车的转弯半径

值还与路面的附着力和障碍物的性质有一定的关系。若壕沟边沿足够结实,单轴驱动汽车所能越过的壕沟宽度 $b \approx r$;而双轴驱动的汽车能越过的壕沟宽度 $b \approx 1.2r$,如图 1-13(c)所示。因此车轮半径越大,则汽车翻越台阶和壕沟的通过性能越好。

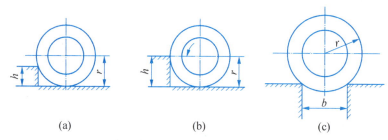

图 1-13 车轮半径与汽车越过障碍物壕沟能力的关系

几种现代汽车车型通过性的几何参数,见表 1-4。

表 1-4 汽车通过性的几何参数

汽车类型	最小离地间隙 h_{min}/mm	接近角 γ_1/(°)	离去角 γ_2/(°)	最小转弯半径 R_h/m
4×2 轿车	120~200	20~30	15~22	7~13
4×4 轿车、吉普车	210~370	45~50	35~40	10~15
4×2 货车	250~300	25~60	25~45	8~14
4×4 货车、6×6 货车	260~350	45~60	35~45	11~21
6×4 客车、4×2 客车	220~370	10~40	6~20	14~22

2. 汽车通过性的支承与牵引参数

汽车通过性的主要支承牵引参数有滚动阻力系数、附着系数、相对附着质量和最大动力因数等。

(1)单位压力 车轮对地面的单位压力是作用在车轮上的垂直负荷与轮胎接地面积之比。汽车在松软路面上行驶时,为提高通过性,可适当减小轮胎气压,使车轮对地面的单位压力降低,减小轮辙深度,降低汽车的行驶阻力;同时因轮胎与地面的接触面积增大,使附着系数得到提高。

(2)最大动力因数 最大动力因数表征了汽车最大爬坡能力和克服道路阻力的能力。汽车在坏路或无路地带行驶时,行驶阻力增大,为了保证汽车的通过性,除了采取减少行驶阻力、降低额定载荷等措施外,还必须提高驱动力或动力因数。所以在越野汽车的传动系中,大多通过增设副变速器或低档分动器,以增大传动系的传动比,保证在驱动轮上获得足够大的驱动力,增大动力因数。

(3)相对附着质量 为提高汽车的通过性,最大限度地发挥驱动力,必须增大汽车的相对附着质量和提高附着系数。驱动轴负荷与车辆总质量之比称为相对附着质量系数。不同类型汽车的相对附着质量系数,见表 1-5。

表 1-5　不同类型汽车的相对附着质量系数

汽车类型	相对附着质量系数	汽车类型	相对附着质量系数
4×2 轿车	0.45~0.50	4×4、6×6 货车（或越野车）	1.0
4×2、6×4 货车	0.65~0.75		

全驱汽车的相对附着质量达到最大值,在附着系数较小的路面上,也能发挥较大的驱动力。

1. 利用网络和相关资料,查找不同的车型其性能指标要求有什么不同。

2. 查阅网络和相关书籍,找出普通轿车与赛车的汽车说明书,看看它们的技术性能参数有什么不同。

项目二
汽车的注册、上牌与保险

活动一　汽车注册与上牌的流程
活动二　汽车保险的相关知识
活动三　汽车保险理赔的程序

项目二 汽车的注册、上牌与保险

情景描述

汽车作为代步工具正走进寻常百姓家。买到新车后还不能合法上路行驶,作为交通工具的基本功能还不能真正发挥,必须办理汽车的注册登记、上牌等相关手续。车辆保险是广大车主处理事故风险的一种非常重要的手段,由于不少车主对车辆保险理赔缺乏必要的常识,引发了索赔困难。针对这些问题,本项目学习汽车的注册、上牌与保险的相关知识。

学习支持

本项目知识目标:

1. 熟悉公安部72号令中《机动车登记规定》的有关内容。

2. 了解机动车注册登记的必要性,掌握机动车注册登记的相关手续和程序。

3. 掌握各险种的含义及投保程序。

4. 掌握机动车理赔的基本常识及理赔步骤。

本项目能力目标:

1. 能结合当地具体情况,拟定上牌流程图。

2. 访问当地车辆管理部门,模拟机动车上牌的实际操作过程。

3. 根据不同类型的车辆所有者,制定不同的投保组合方案。

4. 能按照正确的程序办理保险理赔。

活动一 汽车注册与上牌的流程

活动背景

《中华人民共和国道路交通安全法》第二章第一节第八条明确规定:国家对机动车实行登记制度,机动车经公安机关交通管理部门登记后,方可上道路行驶。尚未登记的机动车,需要临时上道路行驶的,应当取得临时通行牌证。第十条规定:准予登记的机动车应当符合机动车国家安全技术标准。申请机动车登记时,应当接受对该机动车的安全技术检验。第十一条规定:驾驶机动车上道路行驶,应当悬挂机动车号牌,放置检验合格标志、保险标志,并随车携带机动车行驶证。由此可以看出,购买机动车后,上路行驶前必须遵守相关法律、法规,到相关部门办理相应的、合法的手续。

活动分析方法与步骤

1. 汽车为什么要注册登记？
2. 汽车为什么要上牌？
3. 注册与上牌的流程有哪些？

一、汽车注册与上牌的作用

（1）能够合法上路行驶　汽车属于机动车，要作为交通工具上路行驶，就必须注册登记。

（2）防止汽车被盗失窃　汽车注册登记后，公安机关交通管理部门将汽车的相关信息予以注册，录入全国的机动车管理信息系统，这样该车信息就能够在全国查证。汽车失窃后，只要报案，公安机关受理部门就会将该车的有关信息录入全国的被盗抢机动车信息系统，给侦查破案带来方便，也有利于公安交通管理部门在正常的路面检查时发现被窃汽车线索。

（3）便于车辆管理　国家实行机动车登记制度是为了对机动车实施管理，维护道路交通秩序，保障交通安全。车主对自己的车辆进行登记，也便于对车辆管理。有些在场内使用、不上道路行驶的车辆，无须办理牌证，但车辆单位仍需编号；有些大型活动，主办单位抽调了许多车辆，也要编号。这都是为了做好车辆的管理工作。

二、汽车注册与上牌的流程

第一步：到税务部门缴纳车辆购置附加费

（1）办理地点　税务局税收征稽大厅（或交通部门代收）。

（2）相关材料　包括：

① 车主（及经办人）身份证复印件；

② 车辆合格证复印件；

③ 购车发票（或进口车许可证、关税单、海关货物进口证明书）。

（3）车辆购置税　车辆购置税是对在境内购置规定车辆的单位和个人征收的一种税，它由车辆购置附加费演变而来。现行车辆购置税法的基本规范，是按 2001 年 1 月 1 日起实施的《中华人民共和国车辆购置税暂行条例》执行的。车辆购置税的纳税人为购置（包括购买、进口、自产、受赠、获奖或以其他方式取得并自用）应税车辆的单位和个人，征税范围为汽车、摩托车、电车、挂车、农用运输车。

（4）纳税标准　车辆购置税实行从价定率的办法计算应纳税额，计算公式为：应纳税额＝计税价格×税率。如果消费者买的是国产私车，计税价格为支付给经销商的全部价款和价外

（续 表）

费用,不包括增值税税款(税率17%)。因为机动车销售专用发票的购车价中均含增值税税款,所以在计征车辆购置税税额时,必须先将17%的增值税剔除。也就是说,车辆购置税计税价格＝发票价÷1.17。然后,再按10%的税率计征车辆购置税。

比如,消费者购买一辆10万元的国产车,去掉增值税部分后按10%纳税,则计算公式是:
$100\,000 \div 1.17 \times 0.1 = 8547$ 元。

如果消费者买的是进口私车,计税价格的计算公式为:计税价格＝关税完税价格＋关税＋消费税。

（5）办理结果　完税之后领一张"代征车辆购置税收据"以及"车辆购置税完税证明"。

（6）减免政策

① 2014年7月9日国务院常务会议决定,自2014年9月1日至2017年底,对获得许可在中国境内销售(包括进口)的纯电动以及符合条件的插电式(含增程式)混合动力、燃料电池3类新能源汽车,免征车辆购置税。

② 2015年9月,李克强总理主持召开国务院常务会议,再次出台支持新能源和小排量汽车的发展措施,促进调结构扩内需。从2015年10月1日到2016年12月31日,对购买1.6升及以下排量乘用车实施减半征收车辆购置税的优惠政策;加快淘汰营运黄标车。

（7）车船使用税　《中华人民共和国车船使用税暂行条例》规定,凡在中华人民共和国境内拥有并且使用车船的单位和个人,为车船使用税的纳税义务人,都应当依照本条例的规定缴纳车船使用税。车船使用税是地税局征收的税种,纳税期限实行按年征收,分期缴纳,车辆的适用税额由省、自治区、直辖市人民政府在《中华人民共和国车船使用税暂行条例》所附的《车辆税额表》规定的幅度内确定。

车船税是指对在我国境内应依法到公安、交通、农业、渔业、军事等管理部门办理登记的车辆、船舶,根据其种类,按照规定的计税依据和年税额标准计算征收的一种财产税。从2007年7月1日开始,有车族需要在投保交强险时缴纳车船税。

《中华人民共和国车船使用税暂行条例》原规定乘人汽车税额在60～320元/年/车之间;2007年7月1日起新税额为60～660元/年/车之间。

(续　表)

2012年新的车船税(核定载客人数9人(含)以下乘用车部分)将按7个档次征收：
① 1.0升(含)以下60元至360元；
② 1.0升以上至1.6升(含)300元至540元；
③ 1.6升以上至2.0升(含)360元至660元；
④ 2.0升以上至2.5升(含)660元至1 200元；
⑤ 2.5升以上至3.0升(含)1 200元至2 400元；
⑥ 3.0升以上至4.0升(含)2 400元至3 600元；
⑦ 4.0升以上3 600元至5 400元。

第二步：给新车购买保险
详细内容参见活动二。

第三步：车管所登记注册

《中华人民共和国道路交通安全法》第九条规定，申请机动车登记(机动车所有人到车辆管理所填写机动车注册登记/转入申请表，见表2-1)，应当提交以下证明、凭证：一是机动车所有人的身份证明；二是机动车来历证明；三是机动车整车出厂合格证明或者进口机动车进口证明；四是车辆购置税的完税证明或者免税证明；五是法律、行政法规规定应当在机动车登记时提交的其他证明、凭证。

表2-1　机动车注册登记/转入申请表

	申请事项	□注册登记		□转入	
机动车所有人	姓名/名称			联系电话	
	住所地址			邮政编码	
	身份证明名称		号码	□常住人口	□暂住人口
	居住/暂住证明名称			号码	
机动车	机动车使用性质	□公路客运　□公交客运　□出租客运　□旅游客运　□租赁　□货运 □非营运　□警用　□消防　□救护　□工程抢险　□营转非 □出租营转非			
	机动车获得方式	□购买　□仲裁裁决　□继承　□赠予　□协议抵偿债务 □中奖　□资产重组　□资产整体买卖　□调拨　□境外自带 □法院调解、裁定、判决			
	机动车品牌型号				
	车辆识别代号/车架号				
	发动机号码				

(续　表)

相关资料	来历凭证	☐ 销售/交易发票　☐《调解书》　☐《裁定书》 ☐《判决书》　　☐ 相关文书　☐ 批准文件 ☐ 调拨证明　　　☐《仲裁裁决书》	机动车所有人签章： （个人签字/单位盖章）
	进口凭证	☐《货物进口证明书》 ☐《没收走私汽车、摩托车证明书》 ☐《中华人民共和国海关监管车辆进(出)境领(销)牌证通知书》	
	其他	☐ 国产机动车的整车出厂合格证　☐ 机动车档案 ☐ 身份证明口《协助执行通知书》　☐《公证书》	
申请方式	☐ 由机动车所有人申请 ☐ 机动车所有人委托_____代理申请		年　月　日
代理人	姓名/名称		
	住所地址		联系电话
	身份证明名称	号码	
	经办人	姓名		代理人签章： （个人签字/单位盖章） 年　月　日
		身份证明名称	号码	
		住所地址		
		签字	年　月　日	

1. 提供相关资料

在实际办理车辆注册登记时，需要交验的凭证资料有4大类：

(1) 车辆的来历凭证　这些是购车时汽车经销商应当提供给车主的凭证：汽车的合格证和购车发票。汽车合格证证明该车为正规汽车厂家生产的国家汽车目录注册的合格产品。发票证明该车为车主合法所得。如果是进口汽车，就是由国家海关或国家工商总局核发的《货物进口证明书》和国家定点销售进口车辆单位的专用发票。

(2) 车主的身份证明资料　如果以个人名义注册登记，就是车主本人的身份证（原件）。如果车主本人户籍地与车辆注册地不统一，那么汽车注册时，除车主本人身份证外，还需要车主在当地的有效暂住证。如果是以单位名义注册登记，就需要单位的《法人代码证书》和市标准局核发的单位登记IC卡。

(3) 完税和交通安全强制险（简称交强险）的凭证　这里的税就是车辆购置附加税，由国家税务局负责征收。交通安全强制险在保险公司办理。

(4) 填写《车辆注册/转入登记申请表》　该表在车管所领取。该表如是以个人名义登记的，需车主本人签名；以单位名义登记的需单位盖章。

2. 汽车注册登记程序

汽车办理注册登记须携带上述凭证资料和新车，到当地车辆管理所办理。汽车注册登记在地市级以上的公安车辆管理部门办理，县级公安局车辆管理所只办理摩托车等"五小车辆"的登记业务。

各地公安局车辆管理所因办公场地、业务量、自身岗位设置的不同，在具体办理注册登记的业务流程上有所不同，但总体上有检验、核对技术参数、登记审核、选号、装牌照相、领证等 6 个程序。

（1）检验　检验：按照内容区分有外观检验、环保检验、安全性能检验等。

外观检验：主要查看车架号、发动机号、车辆外观有无明显外伤破损、改装等（汽车注册前最好不要进行贴膜、加尾翼之类改变车辆外观的活动）。

环保检验：就是检验汽车尾气排放和噪声。

安全性能检验：现在一般是通过检测线检验，其检验内容是前束、制动、灯光、喇叭等。检验人员在操纵汽车时，还要检验方向盘的自由行程和灵敏程度。

> 有些车辆是免检车型，就少了检验程序。
>
> 目前，一般中小城市的汽车登记检验都在车管所内的检测站进行，通常在核对技术参数和登记受理之后进行。有些大城市因为车辆多，检验工作放在社会单位检测站进行，在去车管所之前办理。这些检测站须经公安交通管理部门认证，检验合格后，该站须出具检验合格证明。

（2）核对技术参数　就是根据汽车合格证注明的车型，按照国家公布的上牌车辆技术参数光盘目录与车辆进行核对，主要是外形尺寸、主要部件的型号数量（如发动机、轮胎）、整车质量和总质量等。

（3）登记审核　主要是审核车主提供的各项凭证资料是否齐全、真实、有效，并将相关凭证资料留存建档，同时将车主及车辆的基本信息录入计算机系统，出具受理凭证，表示公安车辆管理部门已经受理此业务。

《中华人民共和国道路交通安全法》第九条规定，公安机关交通管理部门应当自受理之日起 5 个工作日内完成机动车登记审查工作。对符合前款规定条件的，应当发放机动车登记证书、号牌和行驶证；对不符合前款规定条件的，应当向申请人说明不予登记的理由。

公安车辆管理部门留存的凭证资料，在前述实际办理车辆注册登记时，需要交验的凭证资料中列举的，除车主的身份证明资料、交通安全强制险凭证是复印件外，其他基本都是原件。

（4）选号　选号俗称拍号，是上牌过程中最有意思也是最"激动人心"的一环。选号时，电脑自动给出一组流水号，有一白色小光点在各号码上快速循环闪烁。车主看准想要的车号后迅速按下"确定"键，可以按两次，每次显示两个号，即 4 个号里选一个，如图 2-1 所示，爱车从这一刻起就有了自己的"名字"。

图 2-1 选号

（5）装牌照相　选号以后，去车管所牌证管理岗领取号牌，在指定的地点装牌照相。

（6）领证　将汽车照片和车管所的受理凭证缴到牌证管理岗，领取《中华人民共和国机动车行驶证》《中华人民共和国机动车登记证书》、检验合格标志。

有的汽车经销商提供免费代办牌证（即登记注册）的服务。所以车主如果时间紧，且对牌照无特殊要求的，可委托经销商办理。

三、汽车注册与上牌的注意事项

1. 注册登记

（1）初次申领机动车号牌、行驶证的，机动车所有人应当向住所地的车辆管理所申请注册登记。

（2）机动车所有人应当到机动车安全技术检验机构对机动车进行安全技术检验，取得机动车安全技术检验合格证明后申请注册登记。

免予安全技术检验的机动车有下列情形之一的，应当进行安全技术检验：

① 国产机动车出厂后，两年内未申请注册登记的；

② 经海关进口的机动车进口后，两年内未申请注册登记的；

③ 申请注册登记前，发生交通事故的。

专用校车办理注册登记前，应当按照专用校车国家安全技术标准进行安全技术检验。

(3) 申请注册登记的需要提供以下材料：

① 机动车所有人的身份证明；

② 购车发票等机动车来历证明；

③ 机动车整车出厂合格证明或者进口机动车进口凭证；

④ 车辆购置税完税证明或者免税凭证；

⑤ 机动车交通事故责任强制保险凭证；

⑥ 车船税纳税或者免税证明；

⑦ 按法律、行政法规规定，应当在机动车注册登记时提交的其他证明、凭证。

不属于经海关进口的机动车和国务院机动车产品主管部门规定免予安全技术检验的机动车，还应当提交机动车安全技术检验合格证明。

车辆管理所应当自受理申请之日起两日内，确认机动车，核对车辆识别代号拓印膜，审查提交的证明、凭证，核发机动车登记证书、号牌、行驶证和检验合格标志。

车辆管理所办理消防车、救护车、工程救险车注册登记时，应当对车辆的使用性质、标志图案、标志灯具和警报器进行审查。

车辆管理所办理全挂汽车列车和半挂汽车列车注册登记时，应当对牵引车和挂车分别核发机动车登记证书、号牌和行驶证。

(4) 有下列情形之一的，不予办理注册登记：

① 机动车所有人提交的证明、凭证无效的；

② 机动车来历证明被涂改或者机动车来历证明记载的机动车所有人与身份证明不符的；

③ 机动车所有人提交的证明、凭证与机动车不符的；

④ 机动车未经国务院机动车产品主管部门许可生产或者未经国家进口机动车主管部门许可进口的；

⑤ 机动车的有关技术数据与国务院机动车产品主管部门公告的数据不符的；

⑥ 机动车的型号、发动机号码、车辆识别代号或有关技术数据不符合国家安全技术标准的；

⑦ 机动车达到国家规定的强制报废标准的；

⑧ 机动车被人民法院、人民检察院、行政执法部门依法查封、扣押的；

⑨ 机动车属于被盗抢的；

⑩ 其他不符合法律、行政法规规定的情形。

2. 变更登记

(1) 已注册登记的机动车有下列情形之一的，机动车所有人应当向登记地车辆管理所申请变更登记：

① 改变车身颜色的；

② 更换发动机的；

③ 更换车身或者车架的；

④ 因质量问题更换整车的；

⑤ 营运机动车改为非营运机动车或者非营运机动车改为营运机动车等使用性质改变的；

⑥ 机动车所有人的住所迁出或者迁入车辆管理所管辖区域的，可以向登记地车辆管理所申

请变更登记。

机动车所有人申请转出前,应当将涉及该车的道路交通安全违法行为和交通事故处理完毕。

(2)申请变更登记的,机动车所有人应当填写申请表、交验机动车,并提交以下证明、凭证:

① 机动车所有人的身份证明;

② 机动车登记证书;

③ 机动车行驶证;

④ 属于更换发动机、车身或者车架的,还应当提交机动车安全技术检验合格证明;

⑤ 属于因质量问题更换整车的,还应当提交机动车安全技术检验合格证明,但经海关进口的机动车和国务院机动车产品主管部门认定免予安全技术检验的机动车除外。

车辆管理所应当自受理之日起一日内,确认机动车,审查提交的证明、凭证,在机动车登记证书上签注变更事项,收回行驶证,重新核发行驶证。

车辆管理所办理机动车变更登记时,需要改变机动车号牌号码的,收回号牌、行驶证,确定新的机动车号牌号码,重新核发号牌、行驶证和检验合格标志。

机动车所有人的住所迁出车辆管理所管辖区域的,车辆管理所应当自受理之日起3日内,在机动车登记证书上签注变更事项,收回号牌、行驶证,核发有效期为30日的临时行驶车号牌,将机动车档案交机动车所有人。机动车所有人应当在临时行驶车号牌的有效期限内到住所地车辆管理所申请机动车转入。

(3)申请机动车转入的,机动车所有人应当填写申请表,提交身份证明、机动车登记证书、机动车档案,并交验机动车。机动车在转入时已超过检验有效期的,应当在转入地进行安全技术检验,并提交机动车安全技术检验合格证明和交通事故责任强制保险凭证。车辆管理所应当自受理之日起3日内,确认机动车,核对车辆识别代号拓印膜,审查相关证明、凭证和机动车档案,在机动车登记证书上签注转入信息,核发号牌、行驶证和检验合格标志。

(4)机动车所有人为两人以上,需要将登记的所有人姓名变更为其他所有人姓名的,应当提交机动车登记证书、行驶证、变更前和变更后机动车所有人的身份证明和共同所有的公证证明,但属于夫妻双方共同所有的,可以提供《结婚证》或者证明夫妻关系的《居民户口簿》。

(5)有下列情形之一,在不影响安全和识别号牌的情况下,机动车所有人不需要办理变更登记:

① 小型、微型载客汽车加装前后防撞装置;

② 货运机动车加装防风罩、水箱、工具箱、备胎架等;

③ 增加机动车车内装饰。

1. 自己根据学习心得,绘制机动车上牌流程图。

2. 到图书馆查阅与新车注册有关的法律法规。

3. 由于各地的新车上牌流程、细节方面有所差异,请同学们课后了解当地的新车注册程序及收费标准,并进行相互交流,拟定当地的车辆上牌方案。

活动二　汽车保险的相关知识

活动背景：机动车既是方便、快捷的现代化交通工具,也是流动性强、风险高的"杀手"。目前,交通事故已成为车辆拥有者面临的最主要风险。除了交通事故的风险外,车辆还随时面临着来自自然的、社会的各种难以预知的风险。因此,拥有一辆机动车后,要做的第一件事情就是要购买一份机动车辆保险。

友情提醒：当汽车注册上牌时,如果车辆没购买相关的机动车保险项目,车辆管理部门是不会允许登记注册的。

活动分析：
1. 机动车保险时,选择哪家保险公司?
2. 在保险公司所提供的一系列险种中,你该做如何选择?
3. 投保的程序有哪些?
4. 如何针对车型和车辆使用特性做投保方案?
5. 二手车如何投保?在投保中要注意哪些问题?

方法与步骤：

一、了解机动车保险

机动车辆保险是指财产保险的一种,又称汽车保险,它是以机动车辆本身及机动车辆的第三者责任为保险标的的运输工具保险。

保险客户主要是拥有各种机动交通工具的法人团体和个人;保险标的主要是各种类型的汽车,也包括电车、电瓶车等专用车辆及摩托车等。

机动车辆是指汽车、电车、电瓶车、摩托车、拖拉机、各种专用机械车、特种车。

由于汽车数量猛增,与之相应的车险市场也呈现出快速发展的态势。2001年,中国车险保费为421.70亿元,车险行业首度扭亏为盈。到2011年,国内车险的保费收入达到3 504亿元,同比增长16.66%。

2012年3月份,中国保监会先后发布了《关于加强机动车辆商业保险条款费率管理的通知》和《机动车辆商业保险示范条款》,推动了车辆保险的改革。

当前,机动车辆保险已成为中国财产保险业务中最大的险种。机动车辆保险已涵盖汽车危险事故的大部分,中国交通部已强制购车人员购买机动车辆保险,以保证在车祸事故中,受害人正当权益得到保障。比如,交强险就是以保证第三方的权益为目的的险种。在中国,比较有名的汽车保险公司有中国人民财产保险股份有限公司、中国平安保险公司、太平洋保险公司等。

1. 汽车保险的组成

机动车辆保险一般包括交强险和商业险,商业险又包括基本险和附加险两部分。其中,基本险分为车辆损失险和第三者责任险、全车盗抢险(盗抢险)、车上人员责任险(司机责任险和乘客责任险);附加险包括玻璃单独破碎险、车身划痕损失险、自燃损失险、涉水行驶损失险、无过失责任险、车载货物掉落责任险、车辆停驶损失险、新增设备损失险、不计免赔特约险等。而玻璃单独破碎险、自燃损失险、新增加设备损失险，则是车辆损失险的附加险，必须先投保车辆损失险后才能投保这几个附加险；车上人员责任险、无过失责任险、车载货物掉落责任险等，是第三者责任险的附加险，必须先投保第三者责任险后才能投保这几个附加险。每个险的不计免赔是可以独立投保的。

备选的商业险种比较多，车主不可能买全所有险种，要根据自身需求选择。选择的险种越多，所获得的保障也就越全面；选择的保额越高，保险公司的赔付比例也越高。相反，选择的险种少、保额低，车主所获得的保障有限，但同时所交纳的保费也少。因此，如何选择险种和确定保额，用较少的投资获得最大的风险保障，这其中存在着一定的知识和技巧。

2. 各险种的含义

（1）机动车交通事故责任强制保险　机动车交通事故责任强制保险简称交强险，是由保险公司对被保险机动车发生道路交通事故造成受害人（不包括本车人员和被保险人）的人身伤亡、财产损失，在责任限额内予以赔偿的强制性责任保险。交强险是中国首个由国家法律规定实行的强制保险制度，其保费实行全国统一收费标准，由国家统一规定，但是不同的汽车型号的交强险价格也不同，主要影响因素是汽车座位数。

《交强险条例》规定，在中华人民共和国境内道路上行驶的机动车的所有人或者管理人都应当投保交强险，机动车所有人、管理人未按照规定投保交强险的，公安机关交通管理部门有权扣留机动车，通知机动车所有人、管理人依照规定投保，并处应缴纳的保险费的两倍罚款。

① 机动车在道路交通事故中，有责任的赔偿限额（2008年2月1日后）：

死亡伤残赔偿限额　110 000元人民币；医疗费用赔偿限额　10 000元人民币；财产损失赔偿限额　2 000元人民币。

② 机动车在道路交通事故中，无责任的赔偿限额：

死亡伤残赔偿限额　11 000元人民币；医疗费用赔偿限额　1 000元人民币；财产损失赔偿限额　100元人民币。

③ 死亡伤残赔偿限额，是指被保险机动车发生交通事故，保险人对每次保险事故所有受害人的死亡伤残费用所承担的最高赔偿金额。死亡伤残费用，包括丧葬费、死亡补偿费、受害人亲属办理丧葬事宜支出的交通费用、残疾赔偿金、残疾辅助器具费、护理费、康复费、交通费、被抚养人生活费、住宿费、误工费，以及被保险人依照法院判决或者调解承担的精神损害抚慰金。

④ 医疗费用赔偿限额，是指被保险机动车发生交通事故，保险人对每次保险事故所有受害人的医疗费用所承担的最高赔偿金额。医疗费用，包括医药费、诊疗费、住院费、住院伙食补助费、必要的、合理的后续治疗费、整容费、营养费。

⑤ 财产损失赔偿限额，是指被保险机动车发生交通事故，保险人对每次保险事故所有受害人的财产损失承担的最高赔偿金额。

交强险标志，可分为内置型交强险标志和便携型交强险标志两种。具有前风窗玻璃的投保车辆，应签发内置型保险标志，如图2-2所示；不具有前风窗玻璃的车辆，应签发便携型保险标志，如摩托车、拖拉机。

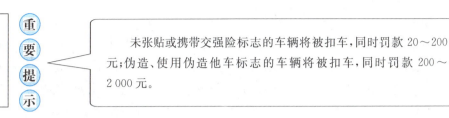

重要提示：未张贴或携带交强险标志的车辆将被扣车，同时罚款 20～200 元；伪造、使用伪造他车标志的车辆将被扣车，同时罚款 200～2 000 元。

图 2-2　交强险保险标志

(2) 第三者责任险(主险)　第三者责任险(简称三责险)，全称商业第三者责任保险。是指被保险人及其允许的合格驾驶员在使用被保险车辆过程中发生的意外事故，致使第三者遭受人身伤亡或财产的直接损失，依法应当由被保险人支付的赔偿金额，保险人会按照保险合同中的有关规定给予赔偿。同时，若经保险公司书面同意，被保险人因此发生仲裁或诉讼费用的，由保险公司承担。该险种主要是保障道路交通事故中，第三方受害人获得及时、有效赔偿的险种。

第三者责任险每次事故的最高赔偿限额是保险人计算保险费的依据，同时也是保险人承担第三者责任险每次事故赔偿金额的最高限额。每次事故的责任限额，由投保人和保险人在签订保险合同时按 5 万元、10 万元、15 万元、20 万元、30 万元、50 万元、100 万元和 100 万元以上不超过 1 000 万元的档次协商确定。

在投保了第三者责任险的基础上，方可投保车上人员责任险、车上货物责任险、无过失责任险、车载货物掉落责任险。

(3) 车辆损失险(主险)　车辆损失险是指保险车辆遭受保险责任范围内的自然灾害(不包括地震)或意外事故，造成保险车辆本身损失。在保险期间内，被保险人或其允许的合法驾驶人在使用保险车辆过程中，因某些原因造成保险车辆的损失，保险人按照保险合同的规定负责赔偿。

① 按投保时，被保险机动车的新车购置价值确定。投保时的新车购置价是根据投保时保险合同签订的同类型新车的市场销售价格(含车辆购置税)确定的，并在保险单中载明，无同类型新车市场销售价格的，由投保人与保险人协商确定。

② 按投保时，被保险机动车的实际价值确定。投保时被保险机动车的实际价值是根据投保时的新车购置价减去折旧金额后的价格确定的。被保险机动车的折旧按月计算，不足一个月的部分，不计折旧。例如，9 座以下客车月折旧率为 0.6%，10 座以上客车月折旧率为 0.9%，最高

折旧金额不超过投保时被保险机动车新车购置价的80%。

折旧金额＝投保时的新车购置价×被保险机动车已使用月数×月折旧率。

③ 按投保时,被保险机动车的新车购置价值内协商确定。车损险是费率浮动的险种,车主在续保时保险公司会根据出险和理赔的情况进行动态的调整。比如,某保险公司设定了12个车险费率调整等级,等级最高的为十二等级,其保险费将调整为200%;等级最低的为一等级,其保险费将调整为50%。

注意：保险金额不得超过投保时新车购置价,因为超过的部分无效。

（4）全车盗抢险(可选择为主险或附加险)　机动车辆全车盗抢险的保险责任为全车被盗窃、被抢劫、被抢夺造成的车辆损失,以及在被盗窃、被抢劫、被抢夺期间受到损坏或车上零部件、附属设备丢失需要修复的合理费用。

在保险期间内,因下列原因造成保险车辆的损失或发生的合理费用,保险人按照本保险合同的规定在保险金额内负责赔偿：

① 保险车辆全车被盗窃、抢劫、抢夺,经县级以上公安部门立案侦查,自立案之日起满两个月未查明下落的；

② 保险车辆在全车被盗窃、抢劫、抢夺后,受到损坏或因此造成车上零部件、附属设备丢失需要修复的合理费用；

③ 保险车辆在全车被抢劫、抢夺过程中,受到损坏需要修复的合理费用。

（5）车上人员责任险(可选择为主险或附加险)　车上人员责任险算是车辆商业险的主要保险,它主要功能是赔偿车辆因交通事故造成的车内人员的伤亡的保险。车上人员责任险,即车上座位险,是车上人员责任险中的乘客部分。它指的是被保险人允许的合格驾驶员在使用保险车辆过程中发生保险事故,致使车内乘客人身伤亡,依法应由被保险人承担的赔偿责任,保险公司会按照保险合同赔偿。

车上人员一般包含司机、售票员、乘车人。乘车人既包含购票上车人员,也包含减免票的人员(如残疾人、小孩等),在特殊情况下还包含：

① 借用人(如甲将车借给有驾驶资质的乙使用,后发生事故,乙也享有车上人员责任险的保险权利。

② 押运人,如乘坐在驾驶座内的押运人,但不包含在车厢内的押运人；一般不包含逃票人员、非法上车人员。

（6）玻璃单独破碎险(车损险附加险)　在保险期间内,保险车辆在使用过程中,发生本车风挡玻璃或车窗玻璃的单独破碎,保险人按实际损失赔偿。投保人在与保险人协商的基础上,自愿按进口或国产玻璃选择投保,保险人根据其选择承担相应保险责任。

友情提醒　一些中高档轿车都装有天窗,但天窗玻璃的损坏,却不在玻璃单独破碎险赔偿范围内。因为玻璃单独破碎险条款规定,承保的玻璃范围只包括前后风挡玻璃和车窗玻璃。

（7）车身划痕损失险(车损险附加险)　车身划痕损失险是指由于他人恶意行为造成车身划

痕损坏,保险公司将按实际损失进行赔偿。赔偿时可能存在免赔率,也就是说保险公司不一定赔偿全部损失,部分损失可能需要自己承担。

友情提醒　保险公司负责赔偿无明显碰撞痕迹的划痕,如车辆停在小区,小孩淘气用锐器将车身油漆划坏,这种情况下如果保了该险种就能得到理赔。车辆在行驶过程中因意外事故造成的划痕,则属车辆损失险的赔付范围。

（8）自燃损失险(车损险附加险)　自燃损失险指负责赔偿因本车电器、线路、供油系统发生故障,以及运载货物自身原因起火造成车辆本身的损失。本保险为车辆损失险的附加险,投保了车辆损失险的车辆方可投保本保险。

在保险期间内,保险车辆在使用过程中,因本车电器、线路、油路、供油系统、供气系统、货物自身问题,或机动车运转摩擦起火引起火灾,造成保险车辆的损失,以及被保险人在发生本保险事故时,为减少保险车辆损失所支出的必要合理的施救费用,保险人负责赔偿。

（9）车辆停驶损失险(车损险附加险)　车辆停驶损失险负责赔偿保险车辆发生保险事故造成车辆损坏,因停驶而产生的损失。在保险期间内,保险车辆在使用过程中,因发生车辆损失险第一条所列的保险事故,造成车身损毁,致使保险车辆需进厂修理,造成保险车辆停驶的损失,保险人按保险合同规定在赔偿限额内负责赔偿。车辆停驶损失险是车辆损失险的附加险,已投保车辆损失险的车辆方可投保本附加险。

（10）代步车费用险(车损险附加险)　代步车费用险是车辆损失险的附加险,已投保车辆损失险的车辆方可投保本附加险。在保险期间内,保险车辆在使用过程中,因发生车辆损失险第一条所列的保险事故,造成车身损毁,致使保险车辆需进厂修理,对于被保险人需要租用代步车发生的费用,保险人按保险合同规定在赔偿限额内负责赔偿。

（11）新增加设备损失险(车损险附加险)　新增加设备损失险是车辆损失险的第三大附加险,在现在的生活中有着越来越广泛的应用。它负责赔偿车辆由于发生碰撞等意外事故,而造成的车上新增设备的直接损失。在保险期间内,保险车辆在使用过程中,发生车辆损失险第一条所列的保险事故,造成车上新增加设备的直接损毁,保险人依据保险车辆驾驶人在事故中所负事故责任比例,在保险单该项目所载明的保险金额内负责赔偿。

（12）车上货物责任险(第三者附加险)　车上货物责任险是指保险车辆在使用过程中发生意外事故,致使保险车辆上所载货物遭受直接损毁,依法应由被保险人承担的经济赔偿责任,以及被保险人为减少车上货物损失而支付的合理的施救、保护费用,由保险人在保险单载明的赔偿限额内计算赔偿的保险。在投保了第三者责任险的基础上,方可投保车上货物责任保险。

（13）车载货物掉落责任险(第三者附加险)　车载货物掉落责任险是第三者责任保险的附加险。被保险人或其允许的合格驾驶人在使用保险车辆过程中,所载货物从车上掉落致使第三者遭受人身伤亡或财产的直接损毁,依法应当由被保险人承担的经济赔偿责任,保险人在保险单所载明的本保险赔偿限额内负责赔偿。

（14）附加油污污染责任险(第三者附加险)　附加油污污染责任保险是指被保险机动车在

使用过程中发生意外事故,由于被保险机动车或第三方机动车自身油料或所载油料泄露造成道路的污染损失及清理费用,依法应由被保险人承担的损害赔偿责任,保险人依照合同约定负责赔偿的保险。

(15) 交通事故精神损害赔偿险(第三者责任险和车上人员责任险的附加险) 交通事故精神损害赔偿险是指保险车辆在使用过程中,因发生交通事故,致使第三者或本车上人员的伤残、死亡或怀孕妇女意外流产,受害方据此提出精神损失赔偿请求,依照法院应由被保险人承担的精神损害赔偿责任,保险人按合同约定在赔偿限额内负责赔偿的保险。

(16) 涉水行驶损失险(车损险的附加险) 车辆涉水险简称涉水险,全称车辆涉水行驶损失险,是专门针对因水淹导致的发动机损失进行赔偿的一个险种。

暴雨事件有着最直接赔偿关系的应该是涉水险,是一种新的衍生险种。目前,只有这个险种针对车辆遭遇水浸事故后造成的,包括发动机部分的车身损失进行理赔。如果车主为发动机购买了涉水险(属于附加险),那么保险车辆在积水路面涉水行驶或被水淹后致使发动机损坏,可给予赔偿。但是,如果被水淹后车主还强行启动发动机而造成损害,那么保险公司将不予赔偿。

(17) 基本险不计免赔率特约险 经特别约定,保险事故发生后,按照投保人选择投保的商业第三者责任保险、车辆损失险或车上人员责任险的事故责任免赔率计算的,或按照全车盗抢险的绝对免赔率计算的,应当由被保险人自行承担的免赔金额部分,保险人负责赔偿。

基本险各险种的不计免赔率特约责任彼此独立存在,投保人可选择分别投保,并适用不同的费率。

(18) 附加险不计免赔率特约条款险 经特别约定,保险事故发生后,按照投保人选择投保的附加险的事故责任免赔率和绝对免赔率计算的,应当由被保险人自行承担的免赔金额部分,保险人负责赔偿。附加险各险种的不计免赔率特约责任作为整体存在,投保人不可选择分别投保。

二、一般投保程序

投保是指投保人向保险人表达缔结保险合同的意愿,一般投保的步骤如下:

1. 了解保险条款与费率

投保人在投保时,首先应详细多方了解保险人的保险条款,以便能选择中意的保险人。

不同地区汽车保有量、道路状况、治安状况不同,危险因素也就不一样,这是拟订费率的依据。

新车险条款的理念是,费率的高低与驾驶员相关,所保车辆一年不出险,可优惠保费的10%,第二年不出险可优惠20%,最高优惠到30%。一般一年出险一次正常,如果同一辆车一年出险两次,第二年就要提高保费5%,如果出险3次就要提高10%。

2. 选择中意的保险公司

选择保险公司的评判标准:
(1) 资产结构好。
(2) 偿付能力强。
(3) 信用等级优。

（4）管理效率高。

（5）服务质量好。

> 市场上的保险公司众多,投保时可要擦亮眼睛哦!
> 广大车主最关心的两个问题:一是经济实惠,二是服务到位。
> 原则:相信具有良好信誉的保险公司,别被不良业务员的花言巧语所迷惑!

3. 仔细了解投保险种的保险费计算

一年保费按照下列公式计算:

（1）车辆损失险保险费 ＝ 基本保险费 ＋ 保险金额 × 费率。

（2）第三者责任险保险费 ＝ 相应档次固定保险费。

（3）盗抢险保险费 ＝ 盗抢险保险金额 × 费率。

（4）车上人员责任险保险费 ＝ 每座赔偿限额 × 投保座位数 × 费率。

（5）玻璃单独破碎险保险费 ＝ 车辆保险价值 × 费率。

（6）自燃损失险保险费 ＝ 此险保险金额 × 费率。

（7）新增设备损失险保险费 ＝ 此险保险金额 × 车辆损失险费率。

（8）不计免赔特约险保险费 ＝（车辆损失险保险费 ＋ 第三者责任险保险费）× 费率。

4. 选择保险代理人

投保时,要选择国家批准的保险公司所属机构投保,而不能只图省事随便找一家保险代理机构投保,更不能被所谓的"高返还"所引诱,为贪小利而上假代理人的当。

5. 仔细阅读并填写投保单

投保单内容:

（1）投保人和被保险人情况:姓名、地址。

（2）驾驶员情况:住址、性别、年龄、健康状况、驾龄、违章情况等。

（3）保险车辆情况:车本身资料(号牌号码、厂牌型号、发动机号、车架号、车辆种类、座位/吨位、车辆颜色)、车的使用性质。

（4）投保险种及期限:保险金额和赔偿限额(分险种列明,主险、附加险);通常为一年,也可根据实际情况选择短期保险。

（5）投保人签单:两个"确认"——确认属实,确认知道。

6. 交纳保险金,收取正式保单

（1）投保单　是投保人申请投保保险的一种书面凭证。投保单通常由保险公司提供,由投保人填写并签字或盖章后生效。保险公司根据投保人填写好的投保单的内容出具保险单正本。

（2）保险单　也叫保险单正本,是保险公司与投保人订立保险合同的书面证明。保险单由保险公司出具,主要载明保险公司与被保险人之间的权利、义务关系。它是被保险人向保险公司索赔的凭证。

接到保险单证时,一定要认真核对,看看单据第三联是否采用了白色无碳复写纸印刷并加印浅褐色防伪底纹,其左上角是否印有"中国保险监督管理委员会监制"字样,右上角是否印有"限在××省(市、自治区)销售"的字样,如果没有可拒绝签单。

7. 审核保单

核保的具体步骤如下:审核投保单、查验车辆、核定费率、计算保费、复核5个环节。

办理完保险手续拿到保单正本后,要及时核对保单上所列项目如车牌号、发动机号等,如有错漏,要立即提出更正。应根据投保单上所列的车辆情况、驾驶人员情况和保险公司的《机动车辆保险费率标准》,逐项确定投保车辆的保险费率。

三、投保方案的确定

车主可以根据自己的经济实力与实际需求投保。表2-2是5个机动车辆保险方案,可以供车主投保时参考。

表2-2 机动车保险方案

序号	方案	险种组合	保障范围	适用对象	特点	优点	缺点
1	最低保障方案	第三者责任险	第三者的损失	急上牌照或年检	车主驾驶技术高超,最低保障,费用低	应付上牌照或验车,只交纳最低限度的千元保费	出事故后负担重
2	基本保障方案	车辆损失险+交强险+商业三者险	只投保基本险,不含任何附加险	有一定经济压力的车主	费用适度,能够提供基本的保障	必要性最高	不是最佳组合,最好加入不计免赔特约险
3	经济保险方案	车辆损失险+交强险+不计免赔率险+盗抢险		个人(精打细算的最佳选择)	投保4个最必要、最有价值的险种	最有价值的险种,保险性价比最高	不是最完善的保险方案
4	最佳保障方案	车辆损失险+交强险+商业三者险+车上责任险+玻璃单独破碎险+不计免赔率险+盗抢险		一般公司或个人	在经济投保方案上,加入车上责任险和玻璃单独破碎险,使乘客及车辆易损部分得到安全保障	投保价值大的险种,物有所值	

(续表)

序号	方案	险种组合	保障范围	适用对象	特点	优点	缺点
5	完全保障方案	车辆损失险＋交强险＋商业三者险＋车上责任险＋玻璃单独破碎险＋不计免赔率险＋新增加设备损失险＋自燃险＋盗抢险		新车车主和经济充裕的车主	保全险	全部事故损失都能得到赔偿	保全险保费高

5种投保方案中,各险种的保费计算方式和费率高低各不相同,有些附加险种的保费并不多,投保客户完全可以根据自身需要决定取舍。

重要提示

投保注意事项

(1) 不要重复投保　按照《保险法》第四十条:重复保险的保险金额总和超过保险价值的,各保险人的赔偿金额的总和不得超过保险价值。因此,即使投保人重复投保,也不会得到超额赔款。

(2) 及时续保　有些车主在保险合同到期后没有及时续保,万一此间发生不测,岂不悔之晚矣。

(3) 不要超额投保或低额投保　按照《保险法》第三十九条:保险金额不得超过保险价值,超过保险价值的,超过的部分无效。保险金额低于保险价值的,除合同另有约定外,保险人按照保险金额与保险价值的比例承担赔偿责任,所以超额投保、低额投保都不能获得额外的利益。

(4) 认真审阅保险单证　接到保险单证时,一定要认真核对(投保程序 6 中已详细说明)。

(5) 险种要保全　有些车主为了节省保费,想少保几种险,只保基本险,不保附加险。其实各险种都有各自的保险责任,假如车辆受损,保险公司只能依据当初订立的保险合同承担保险责任给予赔付,而车主的其他损失就得不到赔偿。

(6) 注意审核代理人真伪　投保时,要选择国家批准的保险公司所属机构投保。

(7) 不要产生骗赔行为　极少数人,总想把保险当成发财的捷径,如有的先出险后投保,有的人为制造出险事故,有的伪造、涂改、添加修车、医疗等发票和证明,这些都有属于骗赔的范围,是触犯法律的行为。

(8) 随车携带保险卡　保险卡应随车携带,如发生事故,要立即通知保险公司并向交通管理部门报案。

四、二手车投保的注意事项

二手车投保一定要充分地研究保险合同中重点的几个名词,即保险价值、保险金额、实际价值,并分清它们之间的关系。

车辆的保险价值是根据新车的购置价决定的,包括车辆单价和车辆购置税。车辆损失险的保险金额可以按投保时的保险价值决定,也可以由被保人和保险人协商确定,或者按车的实际价值决定,但最高不得超过保险价值,超过部分无效。

保险条款中,规定保险车辆的实际价值计算公式是

实际价值 = 新车购置价 / 国家规定使用年限 ×(国家规定使用年限 − 已使用年限)。

旧车在投保时,可依据不同情况选择附加险种,投保费按照保险金额的一定比例支付。现实生活中,车辆的赔偿金额与保险金额相关。如果旧车投保时的保险金额按车的实际价值确定,保险金额低于保险价值,但等于实际价值。遇到车辆被盗、抢造成全车损失时,得到的赔偿与保险金额等同于保险价值时一样,但遇到部分损坏时却不同,保险车辆得到按保险金额与保险价值的比例计算赔偿修理费用。车辆损失以不超过保险金额为限,如果保险车辆按全部损失计算赔偿或部分损失一次赔款达到保险金额,车辆损失险的保险责任终止。当保险金额低于实际价值时,如果车辆发生全损,保险公司按照保险计算赔偿金。所以,在给车辆上保险时应该足额投保。

旧车投保时的保险金额既可以按车的过户价格,也可以按实际价值,完全凭投保人自愿。

友情提醒 买二手车最好办理保险过户。如果车是在旧车交易市场上购买的,此车上年已购买了汽车保险,且保险随车转让,请注意要求卖车方将保险单正本、保险证转交,同时要到保险公司变更被保险人(简称过户)或过户后退保。但是一般情况下,过户更实惠一些。因为过户可以接着享有此车的保险保障,直到保险期满。而且在下一年度投保时,还可以用本年保单申请10%的无赔款优待。

学习支持

汽车保险四大变化

变化一:驾驶行为成为投保关键。

驾驶员作为车辆的使用者和拥有者也是保险的受益者和支配者,对车辆的行驶安全和第三方的生命安全负有责任。由于近几年新司机屡屡成为"马路杀手",所以各保险公司对驾驶员的年龄、驾驶记录、赔款记录等都有详细的统计,对长年不出险的驾驶员和车辆在保费上有了很大的优惠。例如,中国人民保险公司规定,所保车辆如果一年不出险,可优惠保费的10%,第二年不出险可优惠20%,最高优惠到30%。如果5年都不出险,今后也会考虑优惠更多。

变化二:保险公司提供更多服务品种。

在保险项目的提供上,各大保险公司也是想方设法来增加保险经营品种,为消费者提供个性化和多元化的服务。中国人民保险公司在自身8个主险条款、11个附加险条款的基础上,增加了以前没有的车身划痕险和特约救助险,并且在车身险中加入了原来需要单独投保的自燃险和玻璃破损险。平安财产保险公司在第三者责任险的设置上提供了第三者人身伤亡责任险和第三者综合险两种选择,并且在全车盗抢中附加了高尔夫球具盗窃险。华泰财产保险公司则根

据驾驶员的年龄、安全记录和车辆安全性能等因素来综合计算保费,使得每个消费者的保费完全不同,并且在对女性的保费上给予了最大10%的优惠。

变化三：诚信制度引入汽车保险业。

由于汽车骗保案件屡屡发生,车辆保险的诚信制度也越来越被保险公司关注。

变化四：拒保汽车保险可以投诉。

对于保险公司拒保一些车型的现象,中国保监会发布了《通知》,强调：各保险公司不得以任何形式,要求分支机构拒绝承保某类车辆保险业务。并且提出,对风险程度较高的车辆,各保险公司可以调整费率。但保险公司上调费率累计幅度不能超过保监会批准基准费率的30%,下浮费率累计调整幅度不能超过保监会批准基准费率的20%。保监会通知的下发,使得保险公司再不能依据车型挑肥拣瘦,让消费者在投保上有了法律依据,如果出现拒保现象,消费者有权到相关部门投诉以解决问题。

实践活动

1. 机动车保险中,其内容包括哪些?都是法定强制的吗?
2. 要想得到保险公司全面的保障,是不是需要投保机动车的全险?
3. 结合所学内容,根据自身情形组合险种,为自己设计一份保险单,要求尽量以较少的保费,获得最大限度的安全保障。

活动三　汽车保险理赔的程序

活动背景

车辆保险后,如果出现诸如车辆被盗、上路行驶发生交通事故等保险事故情况,如何有效地向保险公司提出理赔,需要了解车辆理赔步骤、保险理赔要点及注意事项,才能临危不乱、趋利避害、减少损失、化解风险,这是每个车辆拥有者所必须考虑的问题。

活动分析

1. 车辆定损理赔步骤有哪些?
2. 保险理赔要点及注意事项是什么?

方法与步骤

一、车辆定损理赔步骤

当发生了保险合同约定的保险事故后,被保险人应按照下述步骤办理索赔。

1. 通知保险公司

(1) 初步报案　保险事故发生后,被保险人应将保险事故发生的时间、地点、原因及造成的损失情况及保险单证号码、机动车辆型号、保险险种险别、保险期限等事项,以最快的方式通知保险公司,车险条款上有规定,在出险后48小时内报保险公司;否则,保险公司有权拒赔。

各保险公司都设置了出险后的报案电话,在保险单或保险卡上都有明显标注,出险后应及时通过电话联系方式报案,是最快、最省事的一种报案方式。

(2) 办理和完善事故报案的手续　被保险人在完成初步报案后,还要到保险公司办理出险登记手续才算是完整的完成报案。

① 前往保险公司时,要带上"三证一单",即身份证、驾驶证、行驶证和保险单。身份证用来证明被保险人的身份,驾驶证用来证明驾驶人员的驾驶资格,行驶证用来证明车辆的合法身份,保险单用来证明被保险人与保险公司的合同关系。

② 被保险人在保险公司理赔柜台填写《出险通知书》《车辆出险登记表》,并领取《机动车辆保险索赔须知》后,就正式完成了出险报案。

当然,保险公司也可以将《出险通知书》《车辆出险登记表》等相关的报案表格带到现场,在对事故车辆进行查勘定损的同时让被保险人填写,从而减少了被保险人事故后的工作,也能体现保险公司人性化的体贴和关怀!

③ 如果机动车辆在异地出险受损,被保险人应向原保险公司及其在出险当地的分支机构或代理人报案。在保险公司抵达出险现场之前,被保险人应采取必要的抢救措施,并对受损的机动车辆进行必要的整理,被保险人在出险现场应服从消防部门或公安交通部门的现场指挥。

2. 接受保险公司检验

被保险人应凭《车辆出险登记表》到保险公司理赔部定损,定损后,获得《定损单》。一定要留意以下事项:

(1) 不要遗漏修理项目　如果在定损时没能确定是否需要修理的项目,等汽车解体后再定损。

(2) 注意修理费不能定得太低,不够修车　如果在保险公司指定的修理厂修车,可以不必过问修理费高低(修理厂必须将车修好,若修不好保险公司负责)。

(3) 修车　送车时,要带上《定损单》,和车一起交给修理厂。修理厂将按照《定损单》上所定项目修车。车修好后,可以凭《提车单》支付修理费后把自己的车提回,同时索要加盖修理厂公章的《修车发票》《托修单》《施工单》《材料单》。

(4) 开具事故证明　拿着对方车的修车发票和对方车主一起去交警队结案,得到一张加盖交警队公章的《事故证明》,也可以拿回被扣的证件。

(5) 递交单证　将准备好的《出险通知书》《定损单》《修车发票》《托修单》《施工单》《材料单》《事故证明》《赔款结算单》到保险公司理赔部。

被保险人应接受保险公司或其委托的其他人员(如保险代理人、检验机关)在出险现场检验受损的机动车辆,并提供各种方便,以保证保险公司及时、准确地查明事故原因,确认损害程度和损失数额。

3. 提出索赔申请并提供索赔单证

被保险人应根据有关法律规定和保险合同,向保险公司提出索赔申请,并提供相应的索赔单证。

(1) 机动车辆事故索赔一般应提供如下单证:

① 保险单(原件);

② 出险通知书(保险公司提供,保户填写,车主是单位的须盖章、是个人须签字);

③ 保险车辆事故证明、责任认定书;

④ 有关修理费用及施救费用的发票及其清单;

⑤ 涉及第三者财产损失、人员伤亡的,还要提供事故调解书和有关费用单据;

⑥ 对部分案件,保险公司还会要求提供驾驶员驾驶证复印件和身份证复印件。

(2) 机动车辆被盗抢后,应如实向公安部门和保险公司告知丢车日期、时间、地点、车内财物、行驶里程数、何时报的案。如3个月仍未破获案件,被保险人即可向保险公司提出索赔申请。索赔时须提供以下单证:

① 保险单正本、保险证;

② 出险通知书、出险地及本市公安部门出具的机动车辆被盗证明;

③ 行驶证(原件);

④ 保险车辆养路费缴费凭证(原件);

⑤ 保险车辆购置附加费缴费凭证(原件);

⑥ 购车原始发票;

⑦ "存取机动车辆停驶凭证"收据(公路局提供)、车辆全套钥匙、权益转让书(保险公司提供,车主是单位的须加盖公章、是个人须本人签字);

⑧ 如果被保车被盗或被公安部门扣留,应由公安部门在有关证明上注明,被保险人如能提供相应收据,索赔时应一起交给保险公司。

《被盗证明》《停驶凭证》必须提供,否则不予赔偿。《行驶证》《购置费凭证》《购车发票》和车钥匙,每少一项增加1%免赔率。

4. 领取保险赔款

接到领取赔款通知后,被保险人应尽快领取保险赔款,超出3个月不领赔款保险公司视为放弃。领取赔款时,法人团体要在权益转让书及赔款收据上盖章,个人要在权益转让书及赔款收据上签字。

如何计算保险赔额?

保险车辆在保险期内发生事故,造成本车损失或他人人身或财产损失时,要分别按不同情况根据保险条款中的有关公式计算。

(1) 保险车辆发生全部损失 全部损失是指被保险车辆的整体损毁,或者严重受损,失去了修复价值,保险公司将其推定为全损情况。

① 保险金额等于或低于出险时的实际价值,按保险金额计算赔偿,即

$$赔款 =(保险金额 - 残值)×(1 - 免赔率)。$$

② 保险金额高于出险时的实际价值，按出险时的实际价值计算赔偿，即

$$赔款 =(实际价值 - 残值)×(1 - 免赔率)。$$

(2) 保险车辆发生部分损失　部分损失是指保险车辆受损后，未达到整体损毁或推定全损程度，而只是局部损失的情形。

① 保险金额达到出险时的保险价值，按实际修复费用赔偿，即

$$赔款 =(实际修复费用 - 残值)×(1 - 免赔率)。$$

② 保险金额低于保险价值，发生部分损失，按保险金额与投保时的保险价值比例计算赔偿费用，即

$$赔款 = 修复费用残值×(保险金额 / 保险价值)×(1 - 免赔率)。$$

(3) 保险车辆发生第三者责任险事故　保险车辆发生事故致使第三者遭受人身伤亡或财产直接损失，依法应由被保险人承担的损害赔偿责任，保险公司根据保险单载明的赔偿限额，对于超过交强险分项赔偿限额以上的部分负责赔偿。

① 当被保险人交强险以上应负赔偿金额超过赔偿限额时，即

$$赔款 = 赔偿限额×(1 - 免赔率)。$$

② 当被保险人交强险以上应负赔偿金额低于赔偿限额时，即

$$赔款 = 交强险以上应负赔偿金额×(1 - 免赔率)。$$

保险理赔流程图，如图2-3所示。

二、保险理赔要点及注意事项

保险理赔的要点和注意事项如下：

(1) 保卡随车携带。随车一定要携带机动车辆保险卡，上面有保单号码、车型车号等重要信息，一旦车辆出险，在向公安部门报案的同时，要向保险公司报案。拨打保险公司热线电话时，需要提供保单号码、出险时间、地点、事故性质等基本情况。

(2) 索赔时，要直接找保险公司，不要找代理人，代理人没有理赔权。

(3) 维修合同不可轻视。被保险人如果要委托修理厂办理赔，或将事故赔偿费直接划给修理厂的，应亲自签订授权委托书，并报保险公司备案。修理时，与修理厂签订质量合同，这样才能维护自己的合法权益。

(4) 有效证件不能少。行车证、驾驶证、保单、身份证复印件、停车场的停车发票，这些都是在理赔时必要的证件。

(5) 车辆发生损坏，索赔前不要先行修复，一定等保险公司核定损失后再修。

(6) 责任未明要报警。责任未明的事故一定要报警，也要第一时间通知保险公司查勘。

(7) 结合车损险、第三者责任险中的责任免除条款，提醒广大车主要防止以下常见情形的出现：

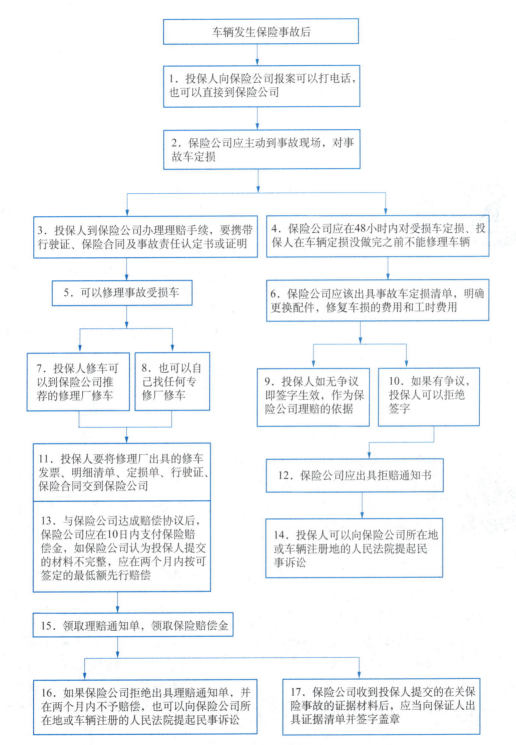

图 2-3 保险理赔流程

重要提示

① 车辆未年检。保险条款中，一般规定保险只对合格车辆生效,对于未年检的车辆,只能视为不合格车辆,保险公司只维护合格车辆的正当权益,对于未年检的车辆保险公司不负责赔偿。

② 车辆未上牌。车辆在出险时,保险车辆必须具备两个条件:一是保险车辆须有公安交管部门核发的行驶证和号牌;二是在规定期间内经公安交管部门检验合格。所以新车上牌之前,切记要保护好自己的车不要被盗和被撞。另外,使用临时移动证要小心。临时移动证一般都有规定路线和时间,在规定以外的路线和时间发生的意外事故,保险公司不承担赔付责任。

③ 车辆转卖,未办理保单批改。在保险期限内保险车辆转卖、转让、赠与他人,被保险人应书面通知保险公司,并办理批改手续;未办理批改手续的,保险公司不承担赔偿责任。

④ 被保险人交通肇事逃逸。事故发生后,被保险人或其允许的驾驶人在未依法采取措施的情况下驾驶被保险机动车或者遗弃被保险机动车逃离事故现场,或故意破坏、伪造现场、毁灭证据的,保险公司不承担赔偿责任。

⑤ 肇事司机所持驾驶证未审验。没有驾驶证或者驾驶证有效期已届满,驾驶车辆与驾驶证载明准驾车型不符,持未按规定审验的驾驶证以及在暂扣、扣留、吊销、注销驾驶证期间驾驶车辆等等,都属于驾驶人不具备有效的驾驶资格,发生事故都属于保险公司责任免除情形。

学习支持

发生保险理赔纠纷的处理

保险合同在履行过程中,双方当事人经常会因保险责任归属、赔偿金额的多少而发生争议,应采用适当方式,公平合理地处理。按照惯例,对保险业务中发生的争议,可采用协商和解、仲裁和司法诉讼3种方式来处理:

(1) 协商和解　在争议发生后,双方应实事求是、有诚意地进行磋商,彼此作出适当的让步,达成双方都能接受的和解协议。

(2) 仲裁　仲裁是由合同双方当事人在争议发生之前或之后达成书面协议,愿意把他们之间的争议交给双方都同意的第三者裁决,仲裁人员以裁判者的身份而不是以调解员的身份对双方争议作出裁决。仲裁组织作为民间机构,是以第三者或中间人的身份,对双方当事人之间的纠纷作出公断,因而没有采取强制措施的权利。对仲裁裁决的强制执行权,属于人民法院。如果仲裁裁决后,保险人拒不履行裁决,可以向保险人所在地的人民法院申请强制执行。

(3) 诉讼　诉讼解决保险纠纷,指的是人民法院依法定诉讼程序对于保险纠纷予以审查,在查明事实、分清责任的基础上作出判决或裁定。诉讼解决保险纠纷是人民法院的司法活动,其所作出的法律裁判具有国家强制力,当事人必须予以执行。

 **实践活动**

1. 发生车险后怎么得到理赔?
2. 李某以 20 万元购买了一辆新车,投保金额为 20 万元,在保险期间内该车发生交通事故生成车辆严重受损,李某在事故中负全部责任。经鉴定,该车为全损,该车残值为 4 万元,车辆在出险时的实际价值为 16 万元。试计算该车可获得的保险赔偿额为多少。

项目三
汽车的合理使用

- 活动一　汽车音响的使用
- 活动二　汽车空调的使用与维护
- 活动三　怎样进行汽车磨合
- 活动四　车用汽油的选用
- 活动五　车用柴油的选用
- 活动六　发动机润滑油的选用
- 活动七　齿轮油的合理选用
- 活动八　汽车轮胎的合理选用
- 活动九　汽车的节油方法与技巧

项目三　汽车的合理使用

刚驾驶一辆新车,我们既要了解其使用性能,也要掌握车辆上配套的各类装置的使用方法,还要清楚汽车需要使用什么样的燃料、润滑料等。只有掌握了汽车的使用性能,才能够合理使用汽车。本项目将从汽车正常情况下的使用、汽车磨合期的驾驶、如何选择汽车的运行材料等方面阐述汽车的合理使用知识。

本项目知识目标:
1. 熟悉汽车音响的相关知识。
2. 掌握汽车空调的结构和工作原理。
3. 熟悉汽车磨合的意义和重要性。
4. 了解磨合期内的驾驶要求。
5. 掌握车用燃油的合理选用知识。
6. 掌握车用润滑油的选用知识。
7. 掌握车用特种液的知识。
8. 掌握汽车轮胎的相关知识。
9. 掌握汽车省油方法。

本项目能力目标:
1. 掌握汽车音响的使用方法。
2. 掌握汽车空调的使用方法。
3. 熟悉磨合期内的驾驶技巧。
4. 合理选用车用燃油。
5. 合理选用车用润滑油。
6. 合理选用车用特种液。
7. 合理选用汽车轮胎。
8. 熟悉汽车省油的驾驶技巧与要求。

活动一　汽车音响的使用

汽车音响为驾乘提供舒适的环境,改善了单调的旅程。开车的目的是为了更快到达目的地,如果路途较长,这个过程稍显枯燥。有了音乐的伴随,漫长的路途也不会觉得那么长了,于是汽车音响系统就显得非常重要。

 活
 动
分
析

方
法
与
步
骤

1. 汽车的音响系统及组成有哪些？
2. 如何使用汽车音响？

一、汽车音响的基础知识

1. 汽车音响系统简介

音响设备是最早应用在汽车上的电子产品之一，经过50多年的发展，已由最初的汽车收音机发展成集视听娱乐、通信导航和辅助驾驶多种功能于一身的综合性多媒体车载电子系统，是汽车不可或缺的组成部分。

汽车音响设备的视听娱乐功能不仅可以缓和驾驶人员的紧张心情而解除疲劳，如果配上电子地图和卫星导航装置，还可以帮助驾驶人员尽快摆脱困境，顺利地完成运输任务。更先进的汽车音响系统可以实现车内打电话、发传真、收发电子邮件，甚至兼有防盗、辅助安全驾驶等功能。

2. 汽车音响系统的发展

电子技术的进步推动着轿车音响系统的发展。1923年，开始在轿车上安装无线电收音机；20世纪50年代出现半导体技术后，延长了轿车收音机的寿命；20世纪70年代初，可播放卡式录音带的车用收、放两用机出现在轿车上，机芯开始应用集成电路；20世纪80年代末，一般轿车的音响多以一个卡式收、放两用机与一对扬声器为基础组合，扬声器分左、右两路声道，有的置于仪表板总成的两侧，有的置于车门，有的置于后座的后方。

汽车音响从早期的单调幅(AM)收音机，发展到具有调幅/调频立体声(AM/FM)、自动返带式磁带放音、单碟多碟(带液晶显示屏的VCD机)。国产中的高档轿车都已实现了数字调谐(DTS)，配有4只或6只高保真扬声器，输出功率达4×30 W，有的用户还自行加装了功放和低音炮，功率达100 W以上。

汽车音响技术主要包括4个方面：安装尺寸及安装技术、音响自身的避振技术、音质处理技术、抗干扰技术。

3. 汽车音响的组成

汽车音响由4部分组成：第一部分是信号源，包括调谐器、磁带放音机、CD唱机、传声器等；第二部分是音频处理电路，包括信号源选择、前置放大、音量音调调节、响度控制等；第三部分是功率放大器，由各信号源提供信号；第四部分是扬声器系统，包括2～6只扬声器。6只扬声器的布置方式常常是：仪表台内的左前、右前，两前门护板内的左中、右中和后行李舱内的左后、右后。

（续　表）

二、汽车音响的使用

目前主流的车型搭载的音响播放器在音源输入方面非常丰富，主要有收音机、光碟、USB 接口输入、AUX 端子输入、SD 卡和蓝牙传输、车载硬盘等几种。有一些车型上还配备了特殊输入接口，如苹果的 Dock 接口，以同步苹果设备里的各项数据。

1. 收音机

收音机基本上可以在所有的汽车上找到，也是绝大部分驾驶员最经常使用的。在城市中，所拥有的丰富音乐频率和播报及时路况的交通频率都大受欢迎。在一些地方，好听的电台不止一个，来回调频率非常麻烦，其实，收音机上的 6 个按键长按之后可以储存当前收听的电台。按一下"FM"键，又可以在 FM2 和 FM3 两个分组中分别存储 6 个电台。这样，所存储的电台数量就达到了 18 个之多。

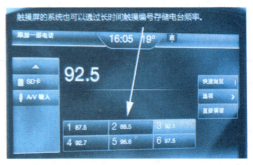

目前主流的车载收音机都具有两个频段，即 AM 和 FM。FM 是微波传输，信号质量高，但是覆盖范围小，受地理因素影响较大，多为城市广播采用。比如，本地的城市电台，就可以通过 FM 收听。AM 则是中波传输，信号质量稳定、覆盖范围广，但是受天气条件影响较大，一般作为远距离传输的首选，如中国国际广播电台、中央人民广播电台等。

要想获得好的收音机信号,天线是非常重要的因素。主要有几种天线形式,第一种是鲨鱼鳍式天线,宝马和新款韩系车型喜欢使用;第二种是外置固定天线,又分为手动和自动伸缩;还有一种采用较多的是印刷式天线,在后风挡玻璃上与电加热丝不相连的线就是印刷天线。

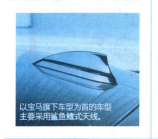

2. 光盘

除了某些商用车型外,光盘播放器也应该是基本配置了。光盘播放器又分为 CD 和 DVD 两种,CD 只包含音频,而 DVD 则是音频视频都可以存储。在众多的音源输入方式中,CD 是音质最优秀的,但容量较少,通常一张 CD 的容量就十几首歌,即便是按照 MP3 格式刻录的光盘也不超过 100 首。而且正版 CD 的价格比较高,所以在 USB 和 AUX 等接口出现以后,使用频率正在逐渐降低。

3. USB 接口(SD 卡插槽)

USB 接口的出现,改变了人们几十年以来的使用习惯,更大的容量、可以随时更新的曲目和小巧轻便等特性,使它成为了现在音频输入的主流方式,汽车厂家也基本上在新款车型上配备了 USB 接口。

SD 卡插槽的使用方法和 USB 接口类似,只是局限性比较大,只可以用 SD 卡,microSD 卡和 miniSD 卡都无法使用。并且 SD 卡在下载数据的时候,还必须通过读卡器等设备传输。大多数车型上的 USB 接口和 SD 卡插槽输入主要支持 MP3 和 WMA 格式的音频文件,而对于 APE 或者 FLAC 等无损格式的音频文件,支持的设备却很少。

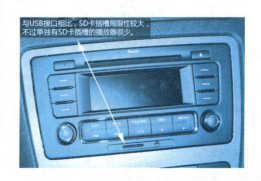

4. AUX 端子

　　AUX 端子是指 3.5 mm 标准双头接口，可以使任何具有耳机接口的音频设备连接到汽车音响，包括 MP3、手机、平板电脑等。只需要一根 3.5 mm 接口连接线就可以从这些设备接收音乐，并从汽车喇叭里传出来，音质尚可。

5. 蓝牙传输

　　蓝牙传输是目前汽车上比较先进的音源输入方式，在车内用手机或者平板电脑等蓝牙设备，不仅能播放音乐和视频，还能通话和数据同步。

6. 车载硬盘

　　车载硬盘目前只出现于一些价位较高的车型上，大多数是和车内的多媒体系统结合成为一体的。它的原理和 U 盘或者 SD 卡相似，都是存储设备，系统播放之前拷贝在车载硬盘里的音视频数据。优点是容量超大，普遍都在 30 GB 以上，能装下几千首歌或者几百部电影。

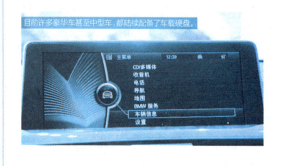

三、汽车音响使用注意事项

1. CD/DVD 使用注意事项

潮湿和高温是电子组件和激光头老化的主要原因，受季节或者地区的影响，空气湿度、温度也不同，CD 光盘如果放置不当，很容易受潮。潮湿的 CD 盘如果直接进入主机会令机器的激光头读取速度跟不上，同时电器元件受潮，严重了还会造成激光头损伤。

激光头的另一天敌就是灰尘。虽然汽车音响在设计时已经考虑了防尘的问题，但由于国内路况千差万别，防尘问题依然重要。在路况环境较差时，车主应及时关闭车窗，平时还应注意车内的保洁。车载 CD 机大多采用碟片吸入式设计，只需将 CD 放在入口处，机械结构会自动将盘片吸入。有些车主不了解这一结构，经常用手将盘片推入，这样不仅会损坏盘片，严重时还会损坏机内的托盘结构。

受潮或者沾了水汽的光盘应该在干燥处放置一段时间再用以免损害光盘播放器。

2. 储存设备使用注意事项

在使用 U 盘或者 SD 卡播放的时候，需要注意的是播放器对于音频格式的限制、音频文件码率的限制和播放器对于存储设备容量的限制。大多数支持 MP3 格式的播放器仅支持码率在 320 kps 以下的文件，超过了这个码率，播放器则不能正确识别；对于设备的容量，在 U 盘或者 SD 卡超过 32 GB，就不能正确识别了。

要使用 U 盘或者 SD 卡来播放音乐，还要一定的电脑基础知识，有的车载音响在插上 USB 设备或者 SD 卡以后，会自动读取里面的信息，并开始播放。而有的系统则需要在电脑上下载歌曲的时候，建立一个它能识别的文件夹，如名为"Music"或者"MP3"的文件夹，系统才能识别。

要想稳定地通过 SD 卡来播放音乐，要选择著名品牌的产品，需要注意的是车载音响对容量的限制和 SD 卡的速度级别。

 重
 要
 提
示

如果 U 盘或 SD 卡在与电脑连接的时候不小心感染了计算机病毒,那么在车载音响系统上使用的时候,某些病毒就会感染到系统内的程序,导致设备的损坏,所以要养成在电脑上下载完数据以后,杀完毒再拿上车使用的习惯。

AUX 连接线俗称音频线,在电脑城或者手机销售店都能买到,应尽量购买质量优秀的产品。一些质量差的 AUX 连接线很容易出现问题,如接头和铜芯焊接不好,或者内部铜芯断裂等,影响使用,更影响心情。

3. 随速音量调节功能

在许多功能比较丰富的车载音响系统上,还带有音量随速调节功能。音量随速调节是指车载音响音量可随车速高低调整,当车速提高的时候,音响音量随之提高;当车速降低时,音响音量也随之降低。音量随速调节的好处是,不再需要驾驶者频繁调节音量,把注意力都放在驾驶上,有利于行车安全。这个功能大多可以在车载音响系统主机的菜单或者行车电脑系统里面打开/关闭。

 实
 践
 活
 动

1. 在实训教师的带领下熟悉汽车音响的组成与功能按键。
2. 在车辆上进行收音机的频道搜索、CD/DVD 播放、SD 卡或 U 盘设定、AUX 信号输入操作。

活动二 汽车空调的使用与维护

汽车空调是指对汽车座厢内的空气质量进行调节的装置。不管车外天气状况如何变化,它都能把车内空气的温度、湿度、流速、洁度保持在驾乘人员感觉舒适的范围内。

夏天天气炎热,汽车空调成了车主与乘员的亲密伴侣。那么车主对汽车空调使用方法了解多少呢?如果使用方法不当,这位亲密伴侣也会常常要要脾气,甚至伤害主人的身体。

 活
 动
 背
 景

 活
 动
 分
 析

1. 汽车的空调系统及组成如何?
2. 如何使用汽车空调?
3. 汽车空调的维护方法有哪些?

方法与步骤

一、汽车空调系统的组成

1. 汽车空调的发展

汽车空调的发展大体上可以分为如下几个阶段：

（1）单一供暖空调装置阶段始于1927年。目前，寒冷的北欧、亚洲北部地区汽车空调仍使用单一供热系统。

（2）单一供冷气空调装置阶段始于1939年。目前，单一降温的汽车空调仍在热带、亚热带部分地区应用。

（3）冷暖型汽车空调器阶段始于1954年，这样汽车空调才真正具备了降温、除湿、通风、过滤、除霜等空气调节功能。该方式是目前使用量最多的一种方式。

（4）自动控制汽车空调装置阶段。由于前述的冷暖型汽车空调需依靠人工调节，这既增加了司机的工作量，还使控制效果不理想。自动控制汽车空调只需预先设定温度，便能自动地在设定的温度范围内运行。装置根据传感器随时检测车内外温度，自动地调控装置各部件工作，达到控制车内温度和行使其他功能的目的。目前，大部分的中高级轿车、客车都装配自控空调。

2. 汽车空调系统的设计要求

（1）应根据车辆的大小、乘员的人数和使用环境，合理选择空调设备，做到既满足使用要求，又无设备能力的浪费。

（2）应根据不同车型的结构特点，采用不同的布置形式，力求布置合理、使用维修方便。

（3）送风管道应尽可能短、弯道尽可能少，以减少气流阻力和热损失。

（4）制冷剂管道亦应尽可能短，以减少制冷剂充注量。

（5）车厢内应有合理的气流分布，避免出现冷热不均现象。

（6）通风设备的布置应能保证车厢内必要的通风换气要求和车内空气流通，除霜设备喷口的布置应保证风窗玻璃的除霜面积满足最低的视野要求。

（7）采用强有力的密封隔热措施，减少热损失，确保空调效果。

3. 汽车空调的性能评价指标

（1）温度指标　温度是最重要的一个指标。人感到最舒服的温度是20～28℃，超过28℃人就会觉得燥热。超过40℃即为有害温度，会对人体健康造成损害。低于14℃人就会感到冷，而且温度下降到0℃时会造成冻伤。因此，空调应控制车内温度夏天在25℃、冬天在18℃，以保证驾驶员正常操作，防止发生事故，保证乘员在舒适的状况下旅行。

（2）湿度指标　湿度的指标用相对湿度来表示。因为人觉得最舒适的相对湿度在50%～70%，所以汽车空调的湿度参数要求控制在此范围内。

（3）空气的清新度　由于车内空间小，乘员密度大，在密闭的空间内极易产生缺氧和二氧化碳浓度过高。汽车发动机废气中的一氧化碳和道路上的粉尘、野外有毒的花粉都容易进入车厢内，造成车内空气混浊，影响驾乘人员身体健康。因此，汽车空调必须具有对车内空气进行过滤的功能，以保证车内空气的清新度。

（4）除霜功能　有时汽车内外温度相差太大，会在玻璃上出现雾式霜，影响司机的视线。所以，汽车空调必须有除霜功能。

（5）操作简单、容易、稳定　汽车空调必须做到不增加驾驶员的劳动强度，不分散驾驶员注意力,不影响驾驶员的正常驾驶。

4. 汽车空调的结构和工作原理

一般空调系统由下面几部分组成:压缩机、冷凝器、冷却风扇、储液干燥器、膨胀阀、蒸发器、送风机等部分。

压缩机运转时,将蒸发器内产生的低温、低压制冷剂蒸汽吸入并压缩后,在高温、高压(约70℃,1 471 kPa)下排出。这些气态制冷剂流入冷凝器,受到散热器和冷却风扇的作用强制冷却到50℃左右,这时制冷剂由气态变成液态。被液化了的制冷剂进入干燥过滤器,除去水分和杂质后,流入膨胀阀。高压的液态制冷剂从膨胀阀的小孔流出,变为低压雾状后流入蒸发器。雾状制冷剂在蒸发器内吸热汽化变成气态制冷剂,从而使蒸发器表面温度下降。从送风机进来的空气,不断流过蒸发器表面,被冷却后送进车厢内,使车厢内降温。气态制冷剂通过蒸发器后,又重新被压缩机吸入。这样,反复循环即可达到制冷的目的。

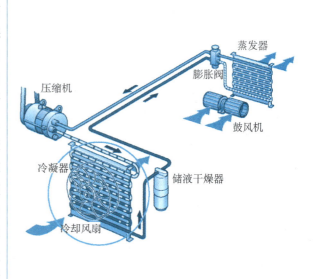

二、汽车空调的使用

(1) 手动控制的汽车空调操作 手动控制的汽车空调操作,如图3-1所示。

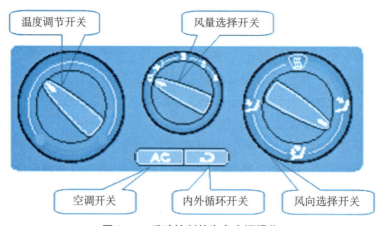

图3-1 手动控制的汽车空调操作

(2) 自动控制空调操作 自动控制的汽车空调操作,如图3-2所示。

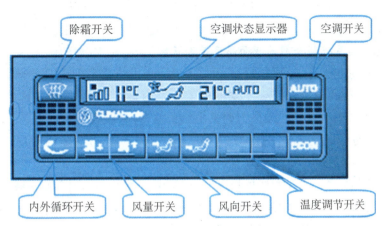

图 3－2　自动控制的汽车空调操作

（3）合理选择的风速档位　汽车正常运行中，为防蒸发器过度结霜，影响空调系统的运行，空调的送风速度及温度控制不应同时长时间置于最低。

（4）选择合适的温度　不要把温度调得太低。温度调得过低，会影响身体健康。一般，车厢内外温度差在 10℃ 以内为宜。

（5）选择合适的风向　在使用空调时，要调整空调吹风的方向，发挥空调的最佳效果。根据冷空气下沉、热空气上升的原理，正确的做法应该是开冷气时将出风口向上、开暖气时将出风口向下。

三、汽车空调维护

汽车空调系统的使用寿命，在很大程度上取决于它能否得到正确的维护保养。正确保养不但可提高空调使用寿命，而且可保持空调系统良好的工作状态。

1. 检查压缩机皮带是否良好

如果皮带表面与皮带轮槽接触侧面光亮，并且启动空调时有"吱吱"的噪音，说明皮带打滑严重，应更换皮带和皮带轮；如果皮带过松应给予调整，否则易使空调系统制冷不良。

2. 检查压缩机冷冻机油

油面高度应在规定范围内，在正常情况下冷冻机油消耗量极少，如果从压缩机的视油镜片中看不到冷冻机油，则说明冷气系统中存在泄漏现象，应及时维修。

3. 检查冷凝器

为了保证整个空调系统能正常工作，制冷效果良好，保持冷凝器表面的洁净是至关重要的。经常清洗冷凝器，防止油污、泥土及其他杂物附在冷凝器上。清洗时，注意不要把冷凝器散热片碰倒，更不能损伤管子。

4. 检查蒸发器

在蒸发器的进风口处，一般都装有空气滤网。空气滤网应每周清洗一次，以免车内的灰尘、杂物吸附在空气滤网上而阻碍空气流通，造成制冷量不足。

5. 检查空调管路

检查空调系统各软管有无磨损、老化现象。空调系统中大量采用橡胶软管，如果这些软管有磨损,环境温度升高、制冷系统工作时就会爆管,导致制冷剂、冷冻机油泄漏,空调系统工作失效。检查空调系统软管和管接头是否有油迹,如发现渗漏,应及时修理。

6. 定期检查空调系统制冷剂的液面高度是否正常

检查液面高度的方法有好几种,最常见而且最简单的方法就是利用干燥器的窥视孔(观察窗)检查。玻璃窥视孔通常安装在干燥器的盖子上面,运行发动机和空调系统可透过玻璃窥视孔观察制冷剂的流动情况。如果空调机工作正常,应从窥视孔内看到清澈的冷冻液在不停地流动,并且在高温时还偶尔夹带着些小气泡;在关掉空调系统的时候,能够看见小的气泡。

1. 在实习车间观察汽车音响的结构,并操作,熟悉各功能键的使用。
2. 在实习教师的带领下,熟悉汽车空调的结构,查看空调工作的效果,并进行制冷剂的检查、压缩机离合器的吸合试验。

活动三　怎样进行汽车磨合

磨合期是指新车或大修后的车辆开始投入运行的最初阶段。此时,汽车正处于磨合状态,还不能满足全负荷运行的需要。因此,汽车的磨合期实质上是为了使汽车向正常使用阶段过渡而进行的磨合加工的过程。

1. 磨合期的定义是什么?
2. 汽车磨合的重要性有哪些?
3. 磨合期内驾驶要求有哪些?
4. 车辆在磨合期内有哪些使用规定?

一、汽车磨合的重要性

在磨合期,零件表面不平的部分被磨去,逐渐形成比较光滑、耐磨而可靠的工作表面,以承受正常的工作负荷。同时,磨合可暴露出一些制造或修理中的缺陷,并及时加以消除,使汽车在正常使用阶段的故障率趋于较低水平。

汽车的磨合里程一般为1 000~2 000 km,进口车的磨合期则更长一些,多数为1 500~3 000 km。磨合期分为3个阶段:行驶里程至100 km时为磨合初期,200 km时为初磨合程度,3 000 km就可磨合形成氧化膜。

1. 汽车磨合的必要性

汽车出厂前虽然按规定进行了磨合处理,但零件表面仍然较粗糙,加之新零配件间有较多

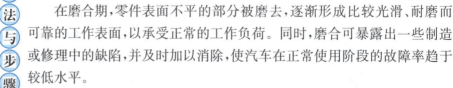

的金属粒脱落,使磨损加剧。机件在加工、装配时,往往存在一定的偏差和难以发现的隐患,在磨合期间很可能出现机件卡死、发热和渗漏等故障。

各种零部件尺寸及几何形状都有一定范围的允许偏差,而且零件表面均有不同程度的凹凸不平,相对比较粗糙。另外,零件经装配后,其相对位置也不是非常精确,这些都使得新车在使用初期,各摩擦副的摩擦系数加大。如果不注意新车的使用方式,如长期满载、超负荷高速行驶以及经常紧急制动等,就会造成汽车上的摩擦副零件之间过度磨损,影响车在今后使用中的可靠性,导致出现油耗增加、使用寿命缩短等不良现象。

虽然现在零部件的加工精度较以前提高了不少,但是零件之间依然难以达到最佳配合状态。而新车出厂前的冷磨,只是不启动状态下的一种磨合,时间很短,不可能产生车辆行驶中磨合的效果。

2. 汽车在磨合期内的特点

(1) 磨损速度快 两个相配合零件的磨损量与汽车行驶里程的变化规律称为磨损特性,两者的关系曲线称为磨损特性曲线。由图 3-3 配合件的磨损特性曲线可以看出,零件磨损规律可分为 3 个阶段:第一阶段是零件的磨合期(一般为 1 000~2 500 km),其特征是在较短的时间内,零件的磨损量增长较快,当配合件配合良好后,磨损量增长速度开始减慢;第二阶段为零件的正常工作期(K_1、K_2),其特征是零件的磨损随汽车行驶里程的增加而缓慢增长;第三阶段是零件的加速磨损期,其特征是相配合零件的间隙已达到最大允许使用极限,磨损量急剧增加。

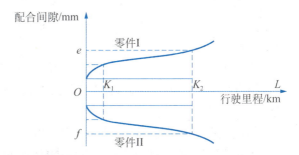

图 3-3 配合件的磨损特性曲线

磨合期内磨损量增加较快的主要原因是:新车或大修竣工的汽车尽管在制造和装配中进行了磨合,但零件的加工表面总是存在着微观和宏观的几何形状偏差,尤其是受力的间隙配合零件间的表面粗糙度尚不适应工作要求,在总成及部件的装配过程中也有一定的允许误差。因此,新配合件摩擦表面的单位压力要比理论计算值大得多。此时,汽车若以全负荷工作,零件摩擦表面的单位压力则很大,润滑油膜被破坏,造成半干或干摩擦。同时,由于新装配零件间隙较小,故表面凸凹部分嵌合紧密。相对运动中,在摩擦力的作用下有较多的金属屑被磨落,进入相配合零件之间后又构成磨料磨损,使磨损加剧。由于间隙小,磨损过程中表面热量增大,因而使润滑油黏度降低,润滑条件变坏。由于上述原因,故使这一阶段零件磨损量增长较快。经过磨合期后,可使相互配合件的摩擦表面进行一次磨合加工,磨去表面不平的部分,逐渐形成比较光滑而又耐磨的工作表面,使之较好地承受正常的工作负荷。

(2) 油耗高,经济性差 在磨合期内,车速不宜过高,发动机负荷不宜过大,因此汽车难以达到经济运行速度。经常在中低负荷下工作,油耗增加,经济性降低。

(3) 行驶故障较多 由于零件或总成加工装配质量问题以及紧固件松动,或者在这个阶段的使用不当,未能正确制定和执行磨合规范,因此磨合期故障较多,常出现拉缸、烧瓦、制动不灵等故障。

(4)润滑油易变质　磨合期内机件配合间隙较小,油膜质量差,温升大,机油易氧化变质。加上较多的金属粒混入机油,使机油质量下降。此时,零件表面和润滑油的温度都很高,同时有较多的金属屑被磨落进入配合零件间隙中,然后被润滑油带进下曲轴箱中。这些金属屑起着催化作用,很容易使润滑油氧化变质。因此,磨合期对润滑油的更换有较严格的规定,通常是行驶到 300 km、1 000 km、2 500 km 时,分别更换发动机油底壳润滑油。如发现润滑油杂质过多或变质严重,应缩短更换里程。

3. 汽车在磨合期内的主要规定

根据总成或部件在这个时期的工作特点,为减少汽车在磨合期内的磨损,延长机件的使用寿命,必须遵循的主要规定有减轻载质量、限制行车速度、选择优质燃料和润滑材料以及正确驾驶等。

(1)减轻载质量　汽车载质量的大小直接影响机件寿命。载质量越大,发动机和底盘各部分受力也愈大,还会引起润滑条件变坏,影响磨合质量。所以,在磨合期内必须适当地减载。各型汽车均有减载的具体规定,一般载质量不应超过额定载荷的 75%。在磨合期内,汽车不允许拖挂或牵引其他机械和车辆。

(2)限制行车速度　当载质量一定时,车速愈高,发动机和传动机件的负荷也愈大,因此在磨合期内起步和行驶不允许发动机转速过高。变换档位时要及时、合理,各档位应按汽车使用说明书的规定控制车速。

(3)选择优质燃料和润滑材料　为了防止汽车在磨合期产生爆燃而加速机件磨损,应采用优质燃料。另外,由于部分机件配合间隙较小,故选用低黏度的优质润滑油可使摩擦工作表面得到良好润滑,应按在磨合期内的维护规定及时更换润滑油。

(4)正确驾驶　新车初期的磨合效果,很大程度上取决于 2 500 km 磨合期内的驾驶方式。启动发动机时,不要猛踏加速踏板,而应严格控制加速踏板行程,以免因发动机起步过快而产生较大的冲击载荷。为减少传动机件的冲击,行驶时要正确换档。车速表上设有换档标记的车型,指针临近换档标记时须及时换入临近高档,切勿使发动机工作负荷过大。一旦发现发动机动力不足导致运转不平稳,应立即换入较低档位。要注意选择路面,不要在恶劣的道路上行驶,减少震动和冲击。要避免紧急制动、长时间制动和使用发动机制动。最初 200 km 内,新制动摩擦衬片要经磨合方能达到最佳状态。在该阶段,制动效能略有下降,可适当加大制动踏板力补偿制动效果。磨合过程中,应对汽车各部件的技术状况及时检查和排除故障。

4. 汽车磨合期须分阶段性维护

(1)磨合前期　清洁全车,紧固外露的螺栓、螺母,添加燃油、机油,补充冷却液,检查变速器、轮胎的气压,检查灯光仪表、电瓶、制动。

(2)30~50 km　检查变速器、前后驱动桥、轮毂、传动轴等是否有杂音或有无发热现象,检查制动系统的制动能力及紧固性、密封效果。

(3)150 km　检查全车外露螺栓、螺母的紧固情况。

(4)500 km　更换发动机机油,用煤油清洗油底壳,更换机油滤芯,将前、后轮毂螺母紧固。

(5)1 000 km　国产车需更换变速器、主减速器和方向机内的齿轮油,检查调整离合器踏板自由行程。

(6) 磨合结束　到指定维修站进行全车磨合保养,换机油、机滤,清洗、测气缸压力,清除燃烧室积炭,拆除限速装置,调整发动机怠速,检查制动系统,调整离合器踏板自由行程,紧固前悬挂及转向机构。

二、磨合期内的驾驶要求

汽车磨合的优劣,会对汽车的寿命、安全性和经济性产生重要影响。而汽车刚投入使用时,其磨合情况的好坏与驾驶员的操作有密切的关系。因此在汽车磨合期内,驾驶过程中要遵守相关的规定。

1. 磨合期行驶速度限制

磨合期内应尽量低速行驶,一般情况下载重汽车最高车速不宜超过 45 km/h,小车的最高车速应在 50~80 km/h 以内;在起步前,不要让发动机怠速运转时间过长,30 s 左右即可起步;初驶期 300 km 以内,应避免紧急制动。

2. 磨合期驾驶相关规定

(1) 保持起步平稳,避免猛踩油门,且不要使发动机转速过高。

(2) 起步时,水温应达到50℃以上。以低档起步,1 km 以后换入高档,行车过程水温控制在80~90℃。

(3) 及时换档,不要长时间使用一个档位,也不能使用高速档低速行驶或使用低速档高速行驶。

(4) 选择良好路面,避免过大振动、冲撞或紧急制动,制动前应先分离合器。

(5) 选用优质的燃油及机油,不宜使用发动机耐磨添加剂。

3. 汽车磨合期驾驶注意事项

(1) 限载　新车不宜重载,承载率应低于90%,并选择平坦道路行驶。

(2) 限速　严格执行驾驶操作规程,按要求控制行驶车速。

(3) 慢起步、慢加油、慢刹车、适时换档,尽量避免紧急制动,否则不仅会使磨合中的制动系统受到重创,而且会加大底盘对发动机的冲击负荷。磨合期车辆在行驶时,应循序渐进,以最低档起步,逐步加高档位,并且勤换档位,不要长时间使用一个档位行车。

(4) 严格控制水温　经常检查变速器、驱动桥和轮毂的温度。

4. 汽车磨合期的驾驶要求

(1) 在磨合公里内,必须谨慎驾驶并分阶段保养　分以下几个阶段:

① 100 km 内,新的摩擦制动片尚未达到100%的制动效果,刹车应有提前量;前 200 km 内,轮胎摩擦力不够,因此在刹车时要比正常情况下增加力量。

② 500 km 内,新轮胎尚未达到最佳附着力,应尽量避免快速转弯时紧急刹车。

③ 2 500 km 内,应温和驾驶,时速不超过 80 km,转速不超过 2 500 转。

④ 2 500~3 500 km 内,水温已达工作温度,可循序渐进地提高到最高车速或发动机最大转速。

⑤ 3 500 km 后,做一次常规保养(使用原厂机油)。车内所有运动部件之间的配合达到运动顺畅状态,可以发挥车辆最佳性能行驶。

（2）车速应控制在规定范围内　速度过高会使发动机和传动机件的负荷增大，因此，在 1 000～1 500 km，可逐渐将发动机转速及车速提高到允许速度，不宜长时间的用第一档或高速档行驶；在各个档位都不要使车速达到极限，各档位的车速要控制在最高车速的 3/4 范围内，大体上为：I 档 25 km，II 档 40 km，III 档 60 km，IV 档 90 km，V 档 100 km。

（3）磨合期内，大负荷和高速度都会加剧对零件的冲击　车在磨合期应尽量避免紧急刹车，冷车启动注意预热，力争做到慢启动、缓停车。

起步先预热，制动分离合。先离后刹的做法是在磨合非常时期，并且在紧急刹车非常状况时采取的保护发动机的措施，切不能作为习惯长期使用。车辆度过了磨合期，从离合器保养方面讲，就应是"先刹后离"。有不少新手在学车时，因害怕熄火，念念不忘脚踏离合器，要减速就先踩下离合器，即使是挂了高档或低档行驶，也为了换档方便，离合不离脚。这样刹车、换档，新手可能会开得平稳些，但对离合器却会造成不小的伤害。还有人习惯在停车时，挂一档踩离合等候，或是挂了空档还踩着离合器，认为这样可以使起步动作简化。但是，这种习惯会使左腿始终都处在用力状态，无法放松，易使驾驶者疲劳，更严重的是会造成离合器长时间处于磨损状态。

学习支持

磨合期的保养结束后，需进行检查保养，才能进入正常使用期。保养内容如下：检查与调整风扇及水泵驱动皮带的张力，检查与调整凸轮轴正时皮带的张力，调整气门间隙；检查发动机气缸盖螺丝的松紧度，更换发动机机油滤清器，更换发动机机油，补充散热器冷却液，调校点火正时，清除空气滤清器的灰尘；检查制动液量，看有无泄漏，调整制动踏板行程；检查手制动杆与拉索行程，检查并紧固车轮与轮毂螺母连接，检查变速器与差速器油量；检查转向系间隙松紧度和润滑油有无泄漏，转向盘的自由行程是否合适。

实践活动

在学校图书馆找某一车型的使用说明书，并查看该车型的磨合期的相关规定，了解磨合期过程中的维护和磨合结束的维护项目。

活动四　车用汽油的选用

汽油为透明液体，可燃，馏程为 30～220℃，主要成分为 C5～C12 脂肪烃和环烷烃类以及一定量芳香烃，具有较高的辛烷值（抗爆震燃烧性能），并按辛烷值的高低分为 90 号、92 号、93 号、95 号、97 号等牌号。汽油由石油炼制得到的直馏汽油组分、催化裂化汽油组分、催化重整汽油组分等，经精制后与高辛烷值组分经调和制得，主要用作汽车点燃式内燃机的燃料。

活动背景

活动分析方法与步骤

1. 车用汽油如何分类?
2. 汽油的牌号有哪些?
3. 车用汽油的选用方法有哪些?
4. 车用汽油使用时有哪些注意事项?

一、汽油的分类

汽油是用量最大的轻质石油产品之一,是发动机的重要燃料。汽油产品根据用途可分为航空汽油、车用汽油、溶剂汽油3大类。前两者主要用作汽油机的燃料,广泛用于汽车、摩托车、快艇、直升飞机、农林业用飞机等。溶剂汽油则用于合成橡胶、油漆、油脂、香料等生产;汽油组分还可以溶解油污等水无法溶解的物质,起到清洁油污的作用;汽油组分作为有机溶液,还可以用作萃取剂。

二、汽油的基本性质

汽油在常温、常压下为具有特殊气味的无色或淡黄色透明液体,易挥发、易燃烧,其主要成分为含4~12个碳原子的脂肪烃和环烃类,此外还含少量芳香烃和硫化物。汽油基本性质,见表3-1。

表3-1 汽油基本性质

外观和性状		无色或淡黄色,易挥发液体,具有特殊气味	
熔点℃	<-60	相对密度(空气=1)	3.5
沸点℃	40~200	闪点℃	-50
相对密度	0.70~0.79	爆炸极限%	下限1.3,上限6.0
最小引燃能量 mJ	0.25	引燃温度℃	415~530
溶解性		不溶于水,易溶于苯、二硫化碳、醇、脂肪	

三、车用汽油的使用性能

1. 汽油发动机对汽油的要求

不同的汽油发动机对汽油的要求有所不同。但为使发动机可靠工作,保证汽油在汽车发动机燃烧室中燃烧的平稳和可靠,汽油要有良好的物理和化学稳定性。其基本要求如下:

(1) 良好的蒸发性 以保证汽油与空气形成良好的可燃混合气,有利于燃烧。

(2) 良好的抗爆性 以保证燃烧过程不因爆燃现象,而使发动机工作不正常,引起功率下降、油耗上升等不良后果。

(3) 良好的安定性 以防生成胶质,而造成油路、气路等工作故障。

(4) 无腐蚀性 以免损坏发动机零件及容器。

(5) 不含杂质和水分 以免引起发动机零部件磨损、堵塞油路及使油品变质等。

燃烧时形成的积炭和结胶要少,对发动机零件无腐蚀作用。

2. 汽油的使用性能

汽油作为发动机燃料,其使用性能的好坏直接关系到发动机工作时的动力性、经济性、排放性及其使用寿命。

(1) 汽油的蒸发性　汽油由液体状态转化为气体状态称为汽油的蒸发。汽油的蒸发性用以衡量其蒸发的难易程度。汽油的蒸发性越强,就越容易汽化,与空气混合就越均匀。这种混合均匀的可燃混合气的燃烧速度快,并能完全燃烧,这样就越易实现汽车的冷车或低温起动,并能保证加速及时、各工况间转换灵敏柔和,还能减少机械磨损,提高汽车的燃油经济性。因此,汽油发动机要求汽油必须具有良好的蒸发性。

值得注意的是,若蒸发性过强,汽油在炎热夏季以及在大气压力较低的高原和高山地区使用时,容易使汽油发动机的燃油供给系统产生气阻,甚至产生供油中断。另外,在贮存、运输过程中,蒸发损耗也会增大。蒸发性很弱的汽油,则不能形成良好的混合气,这样不仅会造成汽油发动机起动困难、加速缓慢,而且未汽化的悬浮油粒还会使发动机工作不稳定,油耗上升。因此,汽油的蒸发性要适宜。

(2) 抗爆性　汽油发动机在某些条件下,由于一种或多种原因(如汽油质量及混合比、驾驶操作、气候、运行条件、点火时刻、发动机转速、负荷等),会出现火花塞点火后,在火焰还没有到达之前,其混合气未被引燃就自行着火的现象称为爆燃。汽油的抗爆性是指汽油在发动机气缸内燃烧时抵抗爆燃的能力,用辛烷值表示。

辛烷值是以两种抗爆性悬殊的烷烃作为基准,一种是异辛烷(2,2,4-三甲基戊烷),抗爆性最好,取其辛烷值为100;另一种是正庚烷,抗爆性最差,取其辛烷值为0,把这两种烷烃按不同比例掺和,就可以得到辛烷值从0~100的标准燃料。如90号汽油,异辛烷占90%,正庚烷占10%,就得到辛烷值为90的标准燃料。

常用的实验室辛烷值测试方法有研究法和马达法两种,它们都是在专门设备上进行的。我国使用马达法,而英、美等国家多采用研究法。因为马达法的运转条件较为苛刻,故几乎所有的马达法测定的辛烷值比研究法测定的辛烷值要低7~9个单位。

为了提高汽油的抗爆性,可采用先进的炼制工艺生产高辛烷值的汽油,调入辛烷值改善组分或是往汽油中添加抗爆添加剂来实现。

(3) 安定性　汽油安定性包括氧化安定性和物理安定性两方面。

氧化安定性是指汽油在常温和液相时,抵抗大气(或氧气)的作用,而保持性能不发生永久性变化的能力。汽油的氧化安定性,表示汽油在贮存、使用过程中氧化生胶的倾向。

氧化安定性不好的汽油,在贮存、运输过程中,容易生成酸性物质,使颜色变黄,辛烷值下降,并产生黏稠沉淀;使用时,在油箱、输油管和滤清器中产生胶状物,造成供油不畅。此外,胶状物若沉积在气门上,会使气门产生黏着现象,降低发动机的动力性和经济性,严重时,会使气门关闭不严,导致发动机不能工作。胶状物在高温时会分解产生积炭,脱落后会加大磨损。因此,汽油的氧化安定性必须符合要求。

(4) 腐蚀性　汽油中的硫及硫的化合物,通常包括元素硫、活性硫化物和非活性物质3类。汽油中含硫量的总和,叫做硫分,用质量百分比率来表示。我国标准中规定,汽油中的硫分不能超过0.15%。

汽油中的有机酸物质分为酚类、脂肪酸和环烷酸类。若有机酸物质含量少，在常温和无水条件下，对金属是几乎没有腐蚀作用的。但当含量较多、温度较高和有水存在时，即对金属有腐蚀作用。一般用酸度来表示有机酸的含量，我国标准规定，车用汽油中酸的含量不大于 3 mg KOH/100 mL。

水溶性酸是指能够溶于水的酸和低分子有机酸，如硫酸、盐酸以及甲醛、乙酸和丙酸等；水溶性碱则指能够溶于水的碱，如氢氧化钠、氢氧化钾和碳酸钠等。水溶性酸极易与金属发生化学反应而导致金属腐蚀，水溶性碱则对铝具有腐蚀作用，因此汽油中不允许含有水溶性酸或碱。

四、国产汽油的牌号

国产汽油的牌号是按照汽油研究法辛烷值来划分的，汽油的牌号数字代表该汽油的研究辛烷值不小于该数字，如90号汽油表示该汽油的研究辛烷值不小于90。汽油的牌号越高，抗爆性越好。

目前常见的汽油牌号有90号、93号和97号，其最新指标参照《车用汽油》GB 17930—2011 的相关要求，见表 3-2。

表 3-2　车用汽油技术要求和试验方法（GB 17930—2011）

项目		质量指标			试验方法
		90	93	97	
抗爆性： 研究法辛烷值(RON)	不小于	90	93	97	GB/T 5487
抗爆指数： (RON+MON)/2	不小于	85	88	报告	GB/T 503 GB/T 5487
铅含量/(g/L)[a]	不大于	0.005			GB/T 8020
馏程： 10%蒸发温度/℃ 50%蒸发温度/℃ 90%蒸发温度/℃ 终馏点/℃ 残馏量/%(体积分数)	不高于 不高于 不高于 不高于 不大于	70 120 190 205 2			GB/T 6536
GB/T 蒸气压/kpa[b]： 11月1日至4月30日 5月1日至10月31日	不大于 不大于	42～85 40～68			GB/T 8017
溶剂洗胶质含量/(mg/100 mL)	不大于	5			GB/T 8019
诱导期/min	不小于	480			GB/T 8018
硫含量/(mg/kg)[c]	不大于	50			SH/T 0689

(续 表)

项目		质量指标			试验方法
		90	93	97	
硫醇(需要满足下列要求之一)： 博士试验 硫醇硫含量/%(质量分数)	不大于	通过 0.001			SH/T 0174 GB/T 1792
铜片腐蚀(50℃，3 h)/级	不大于	1			GB/T 5096
水溶性酸碱		无			GB/T 259
机械杂质及水分		无			目测[d]
苯含量/%[e](体积分数)	不大于	1.0			SH/T 0713
芳烃含量%[f](体积分数)	不大于	40			GB/T 11132
烯烃含量%[f](体积分数)	不大于	28			GB/T 11132
氧含量/%(质量分数)	不大于	2.7			SH/T 0663
甲醇含量/%[a](质量分数)	不大于	0.3			SH/T 0663
锰含量/(g/L)[g]	不大于	0.008(8 ppm)			SH/T 0711
铁含量/(g/L)[a]	不大于	0.01			SH/T 0712

注：a. 车用汽油中，不得加入甲醇以及含铅或含铁的添加剂。
　　b. 允许采用 SH/T 0794，有异议时，以 GB/T 8017 测定结果为准。
　　c. 允许采用 GB/T 11140、SH/T 0253，有异议时，以 SH/T 0689 测定结果为准。
　　d. 将试样注入 100 mL 玻璃量筒中观察，应当透明，没有悬浮和沉降的机械杂质和水分，有异议时，以 GB/T 511 和 GB/T 260 方法测定结果为准。
　　e. 允许采用 SH/T 0693，有异议时，以 SH/T 0713 测定结果为准。
　　f. 对于 97 号车用汽油，在烯烃、芳烃总含量控制不变的前提下，可允许芳烃的最大值为 42%(体积分数)，允许采用 SH/T 0741，有异议时，以 GB/T 11132 测定结果为准。
　　g. 锰含量是指汽油中以甲基环戊二烯三羰基锰形式存在的总锰含量，不得加入其他类型的含锰添加剂。

2011 年 12 月，北京质监局发布《车用汽油》地方标准的征求意见稿，将汽油牌号由"90 号、93 号、97 号"修改为"89 号、92 号、95 号"。国 V 车用汽油标准从 2012 年 5 月开始执行。我国将于 2018 年实施国 V 标准，新标准降低了汽油中硫的含量，汽油的冶炼工艺就要调整，因此牌号也就有了相应变化。目前，我国已有相当多的省份制定了《车用汽油》地方标准，这些地方标准中汽油的牌号都是 89 号、92 号、95 号 3 种或是 92 号、95 号两种。

按照 2013 年 2 月 6 日国务院常务会议关于国 V 燃油供应时间的决定，国 V 标准全面实施日期为 2018 年 1 月 1 日，自发布之日起可依据新标准进行型式核准，鼓励具备燃油供应条件的地方依法提前实施新标准。

五、车用汽油的选用

为了充分发挥汽油的作用，延长汽油的使用寿命，降低生产成本、节约能源，应正确选用汽油牌号。

（1）根据汽车生产厂家的要求选用　根据汽车使用说明书中对发动机使用燃料辛烷值（或抗爆性）的要求，选取适当的汽油牌号。

（2）根据发动机的压缩比，选取汽油牌号　压缩比大，选用高牌号的汽油；压缩比小，选用低牌号的汽油。一般来说，压缩比在7.0～8.0，可选90号车用汽油或93号无铅车用汽油；压缩比在8.0～8.5，可选93号车用汽油或95号无铅车用汽油；压缩比在8.5以上的，可选97号车用汽油或95号无铅车用汽油。

压缩比高的发动机选用低牌号的汽油，易产生爆燃，使发动机的功率下降、油耗增加。压缩比低的发动机选用高牌号的汽油，会造成浪费。

六、车用汽油使用时的注意事项

为保证汽油使用的安全性及稳定性，充分发挥汽油的性能，在贮存、运输及使用中需要注意防火和防爆，防止静电及中毒，并根据不同的使用环境及时、灵活处理。

1. 防火和防爆

汽油是易燃品，它的燃烧温度范围很广，甚至接触微小火星也能引燃，且在-30℃的低温下，仍能迅速燃烧。因此，在接触和使用汽油时，必须严格遵守下述防火安全规定：

（1）贮存燃料的油罐、油桶及贮油容器倒装汽油时，附近严禁烟火。一切火种（如打火机、火柴等）禁止带入油库。在油库、车库内要用防爆灯具和防爆开关，切勿使用明火或油灯照明。不要将汽油与棉衣、火柴、雷管、炸药、氧气等存放在一起。

（2）不要用铁质工具敲击汽油桶，尤其是装过汽油的空桶更危险。因为桶内充满汽油与空气的混合气，而且经常处在爆炸极限之内，一遇明火就可能引起爆炸。所以，严禁在汽油库内使用铁质工具，并且要防止大桶之间发生碰撞，桶与桶之间不能离得太近；还要防止穿带有铁钉的鞋到油库工作，以免铁器相碰产生火花，引起火灾。

（3）灌装汽油时，邻近的汽车、拖拉机等的排气管戴上防火帽后才能起动，且存放汽油的场所（如油库、油站等）附近严禁检修车辆。

（4）沾有油料的抹布、油棉纱、油手套等不要放在油库、车库内，以免因其发生连锁氧化反应后自燃。所以，油库、车库内的沾油抹布、油棉纱、油手套等要集中放在带盖的铁箱内，并及时清洗回收使用。

（5）在焊修大油桶或油罐时，要将容器清洗或晾至没有油味后才能进行。焊修时，大小桶盖及罐口要全部打开。最安全的焊修办法是灌水，并在焊口处留空隙。

（6）汽油罐与贮存汽油区的上空，不应有电线通过。库房与电线的距离要在电杆长度的1.5倍以上。

（7）注意仓库、油库、车间等操作场所的通风，使油蒸气容易逸散，防止其聚积。

2. 注意静电

汽油在运输或使用过程中，油料分子之间和油料与其他物质之间的摩擦会产生静电，其电压随着摩擦的加剧而增高。当电压增高到一定的程度，若有接地导体与其接触时就会产生火花，引起火灾。为防止静电起火，应注意以下几点：

（1）用于贮存、输转汽油的油罐、管道、装卸设备，以及运送汽油的油罐车等都必须有良好的接地装置。

(2) 往油桶或油罐汽车装油时,不准在油管出口上安装过滤绸布套或其他介质,不要用汽油擦洗毛织物或人造纤维织物。若必须擦洗时,动作要轻,不得过猛。

(3) 装卸或输转油料时,尽可能采用暗流输油,严禁悬空灌注汽油,将输油管要插入油面以下或接近油箱底部,以减少油料的冲击和与空气的摩擦。

(4) 在空气特别干燥、温度较高的季节,应加强接地装置的检查,放慢灌油速度。必要时,可往接地极柱周围浇水,以降温和增加湿度,减少静电发生几率。

(5) 需要加油的汽车进入油库或加油站后,不宜马上打开油箱盖加油,应稍等几分钟后,再操作。

(6) 一般在装油开始和装到容量的3/4以后,容易发生静电放电事故。所以,加油时流速不宜过大。

(7) 尽可能减少汽油搅动,油罐车在运行时应平稳,车速不宜过快。禁止向刚停下和刚加注完油的油罐车取样或测量。

(8) 不要用塑料桶存放汽油。

3. 防止中毒

汽油具有一定的毒性,但它对人体的毒害是随着外界条件而变化的。因此,在使用时应注意以下几点:

(1) 尽量避免汽油蒸汽(特别是含铅汽油)与呼吸器官直接接触。操作时,要站在上风口,避免大量汽油蒸汽直接吸入人体。

(2) 加强工作地点的通风,尤其是进入通风不良的汽油仓库前,应先打开库门,自然通风,然后再进入工作。

(3) 养成良好的卫生习惯,工作后要及时用热水和肥皂洗净手脸,在未洗之前不要吸烟、饮水和进食。此外,要定期清洗工作服。

(4) 使用时,禁止用嘴吮吸汽油。

(5) 洗刷油罐、油罐车时,必须遵守相应的操作规程。例如,作业前要通风,入内作业人员必须穿戴防毒面具,并系上安全带;罐外要有专人看守,随时联系,并轮换作业。

(6) 不慎中毒时,应立即将中毒人员抬至空气清新的地方进行人工呼吸或让其闻氨水,并送医院抢救。

4. 其他注意事项

(1) 高原地区空气稀薄,发动机充气量下降,压缩压力也降压,汽车选用较低牌号的汽油不易发生爆燃。

(2) 桶装汽油要放在阴凉处,避免日光曝晒,并要留出约7%的空间,以防受热胀破油桶。

(3) 不同牌号的汽油不能混放,以防其质量下降。

 1. 了解你身边的加油站,观察加油站共有几种牌号的汽油。

2. 请选择某一款车型,通过车辆使用说明书,试着计算出该车型应该用何种牌号的汽油。

活动五 车用柴油的选用

【活动背景】 柴油是轻质石油产品,复杂烃类(碳原子数约10~22)混合物,为柴油机燃料。主要由原油蒸馏、催化裂化、热裂化、加氢裂化、石油焦化等过程生产的柴油馏分调配而成;也可由页岩油加工和煤液化制取。分为轻柴油(沸点范围约180~370℃)和重柴油(沸点范围约350~410℃)两大类。

【活动分析】
1. 车用柴油使用性能有哪些?
2. 柴油的牌号有哪些?
3. 如何选用车用柴油?
4. 柴油的使用有哪些注意事项?

【方法与步骤】

一、柴油的基本性质

轻柴油是指原油经常压蒸馏在180~370℃馏分温度范围内得到的石油馏分。它由不同的碳氢化合物混合组成,其主要成分是10~22个碳原子的链烷、环烷或芳烃,其化学和物理特性位于汽油和重油之间,沸点在170~390℃间,密度为0.82~0.845 kg/L。

柴油和汽油相比,具有自燃点低、挥发性能差、馏分重、黏度和相对密度大,贮存、运输过程中损耗小,使用安全等特点。

轻柴油最重要用途是用于车辆的柴油发动机。与汽油相比,柴油能量密度高,燃油消耗率低。柴油含更多的杂质,燃烧时也更容易产生烟尘,造成空气污染。但柴油不像汽油般会产生有毒气体,因此,比汽油更环保和健康。

二、柴油的使用性能

1. 车用柴油发动机对柴油的要求

柴油机燃料系统中,供油配件构造精密,燃烧过程复杂。所以,对柴油提出了如下的基本要求:

(1) 凝点低、冷滤点低、黏度适中,以保证在各种使用条件下,柴油都能被可靠地、不间断地供往汽缸。

(2) 燃烧性能(抗工作粗暴性)要好,以保证柴油在柴油机中能迅速自行发火,燃烧完全、稳定,不发生柴油机工作粗暴现象,排汽无黑烟且降低油耗。

(3) 具有良好的安定性,以保证柴油在燃烧过程中,不在喷油器头部结焦,不堵塞滤清器。

(4) 对机件无腐蚀作用,柴油及其燃烧后的产物,都不腐蚀发动机零件。

(5) 不含机械杂质和水分。不含机械杂质,以免加速喷油泵和喷油器磨损,降低供油精度或堵塞喷油器喷孔;不含水分,以免造成柴油机运转不稳或在低温下供油系统出现结冰现象。

(6) 为保证贮运和使用安全,柴油应达到一定的闪点。

2. 柴油的使用性能

柴油的燃烧性主要是抗工作粗暴的能力。所谓工作粗暴,是指柴油在柴油机燃烧室燃烧过程中,因着火延迟期过长,使在汽缸内积聚并参加燃烧准备的柴油增多,以致大量的柴油同时燃烧,汽缸压力急剧升高,发动机运转不平稳,发出异响的不正常燃烧现象。柴油机工作粗暴的后果与汽油发动机爆燃一样,会使曲柄连杆机构承受过大的冲击力,产生强烈的金属敲击声,加速零件的磨损和损坏,使发动机功率下降、油耗增加,故应尽量避免。

(1) 柴油抗爆性　柴油抗爆性的评价指标是十六烷值。十六烷值高的柴油,自燃点低。在着火延迟期,燃烧室的局部易形成高密集度的过氧化物,成为着火中心。故着火延迟期短,整个燃烧过程发热均匀,压力升高平缓,发动机运转平稳,工作性能好,即能有效防止柴油机工作粗暴的发生。但柴油机的十六烷值超过一定限度后,反而会增加油耗,故通常要求柴油的十六烷值在 40~60 之间。

(2) 柴油的低温流动性　柴油的低温流动性是指在低温条件下,轻柴油保持流动状态的性能。柴油的低温流动性,对能否可靠地供往汽缸有一定的影响。柴油低温流动性差,往往不能可靠地供油,严重时还会使供油中断,车辆无法行驶。为改善柴油的低温流动性,国内外广泛采用了向柴油中添加流动性能改进剂的方法。

(3) 柴油的蒸发性　柴油的蒸发性是指轻柴油在柴油机汽缸内经喷油器喷出时,分散成液体雾粒及液体雾粒汽化蒸发的能力,它决定了可燃混合气形成的品质和速度,通常用馏程和闪点来控制。

(4) 柴油的安定性　柴油的安定性通常指贮存安定性和热安定性。

(5) 柴油的黏度　柴油的黏度过大,雾化性就不好,燃烧不完全,排气冒黑烟,使耗油量增大。若黏度过小,会出现润滑不良,使喷油泵及喷嘴的运动部件产生异常磨损、密封不良和咬黏等故障。此外,还会使喷油压力不足,以致柴油雾化质量差,燃烧不完全,发动机功率下降。因此,柴油的黏度必须适宜,一般认为在 20℃时以 2.5~8.0 mm^2/s 左右为宜。

三、车用柴油的牌号及选用

1. 国产柴油的牌号

GB 252 按质量将柴油分为优级品、一级品和合格品 3 个等级,每个等级的轻柴油按凝点分为 10 号、5 号、0 号、-10 号、-20 号、-35 号和-50 号 6 种牌号。它们的凝点分别不高于 10℃、5℃、0℃、-10℃、-20℃、-35℃和-50℃,它们的质量规格参照 GB/T 19147—2003 车用柴油标准,见表 3-3。

表 3-3　车用柴油技术要求

项目	10 号	5 号	0 号	-10 号	-20 号	-35 号	-50 号	实验方法
氧化安定性,总不溶物[①](mg/L)　不大于				2.5				GB/T 0175
硫含量[②](质量分数)/%　不大于				0.05				GB/T 380

（续 表）

项目	10号	5号	0号	−10号	−20号	−35号	−50号	实验方法
10%蒸余物残炭（质量分数）③/%　不大于	0.3							GB/T 268
灰分（质量分数）/%　不大于	0.01							GB/T 508
铜片试验（50℃，3 h）/级　不大于	1							GB/T 5096
水分（体积分数）/%　不大于	痕迹							GB/T 260
机械杂质④	无							GB/T 511
润滑性⑤（磨痕直径，60℃）/μm	460							ISO 12156—1
运动黏度（20℃）/（mm²/s）	3.0～8.0				2.5～8.0	1.8～7.0		GB/T 265
凝点/℃　不高于	10	5	0	−10	−20	−35	−50	GB/T 510
冷滤点/℃　不高于	12	8	4	−5	−14	−29	−44	GB/T 0248
闪点（闭口）/℃　不低于	55				50	45		GB/T 261
着火性（需满足下列要求之一） 十六烷值　不小于 或十六烷指数　不小于	49 46				46 46	45 43		GB/T 386 GB/T 11139 SH/T 0694
馏程 50%回收温度/℃　不高于 90%回收温度/℃　不高于 95%回收温度/℃　不高于	300 355 365							GB/T 6536
密度（20℃）/（kg/m³）	820～860				800～840			GB/T 1884 GB/T 1885

注：① 为出厂保证项目,应每月一次。在原油性质变化、加工工艺条件改变、调和比例变化及检修开工后等情况下应及时检验。对特殊要求用户,按双方合同要求进行检验。
② 可用 GB/T 11131、GB/T 11140、GB/T 12700、GB/T 17040 或 SH/T 0689 方法测定。结果有争议时,以 GB/T 380 方法仲裁。
③ 可用 GB/T 17144 方法测定。结果有争议时,以 GB/T 268 方法为准。
④ 可用目测法,即将试样注入 100 mL 玻璃量筒中,在室温（20℃±5℃）下观察,应当透明,没有悬浮和沉降的水分及机械杂质。结果有争议时,按 GB/T 260 或 GB/T 511 测定。
⑤ 为出厂保证项目,对特殊要求用户,按双方合同要求进行检验。

2. 柴油牌号的选用

选用柴油时,应根据不同地区和季节,选用不同的牌号。气温低的地区,选用凝点低的柴油;反之,气温较高的地区,选用凝点较高的柴油。为了保证柴油发动机燃料系统在低温下能正常供给,柴油的凝点应比使用时的最低气温低 4～6℃。柴油的选用,见表 3-4。

表 3-4 柴油的选用

牌　　号	0 号	-10 号	-20 号	-35 号	-50 号
冷凝点/(℃)不高于	4	-5	-14	-29	-44
适宜最低气温/(℃)不低于	4	-5	-14	-29	-44
使用地区范围	全国 4~9 月份；长江以南地区冬季	长城以南地区冬季；长江以南地区严冬	长城以北地区冬季；长城以南地区严冬	东北、华北、西北寒区严冬	东北、华北严寒地区严冬

四、柴油的使用注意事项

（1）由于不同凝点的柴油生产成本不同，所以在使用中应根据实际情况正确选用适宜的牌号，以利节约经费。

（2）贮存和运输中，应严防机械杂质和水分混入。柴油加入汽车油箱前，要充分沉淀（不少于 48 h），然后用绸布或细布仔细过滤，以去除杂质。因为高速柴油机的喷油泵和喷油嘴都是十分精密的部件，稍有杂质进入，就会遭到严重磨损。

（3）不同牌号的柴油，其质量指标除凝点外基本相同。所以，当存油容器不足或资源不足时，可以在适合季节混用。

实践活动

1. 了解你身边的加油站，观察加油站共有几种牌号的柴油。
2. 请您在中国由南到北选择 5 个城市，列出冬季这 5 个城市应该选择何种牌号的柴油。

活动六　发动机润滑油的选用

发动机润滑油，即通常所说的机油，是汽车的"血液"，能对发动机起到润滑、清洁、冷却、密封、减磨、防锈、防蚀等作用。发动机是汽车的心脏，发动机内有许多相互摩擦运动的金属表面，这些部件运动速度快、环境差，工作温度可达 400~600℃。在这样恶劣的工况下面，只有合格的润滑油才可降低发动机零件的磨损，延长使用寿命。

活动背景

活动分析

1. 发动机润滑油的作用有哪些？
2. 发动机对发动机润滑油的要求有哪些？
3. 发动机润滑油如何分类？
4. 发动机润滑油使用有哪些注意事项？

方法与步骤

一、发动机润滑油的作用

发动机润滑油是汽车润滑材料中用量最大、工作条件非常苛刻、品种规格繁多、性能要求较高的一种润滑材料。图3-4所示的为发动机润滑油自然情况下的色泽。

图3-4 发动机润滑油

（1）润滑作用　润滑油进入摩擦副（如曲轴与主轴瓦、连杆与连杆轴承、活塞环与缸套等）之间后，就会附在其表面上，形成一层油膜，使两摩擦面尽可能不直接接触，摩擦副之间的干摩擦也变为液体油层间的液体摩擦。由于液体摩擦系数比干摩擦系数小，所以摩擦阻力减小，故能减小发动机的磨损，提高发动机的有效功率。

（2）冷却作用　发动机工作时，燃料燃烧所产生的热量一部分转变为机械功，另一部分传给发动机零部件；另外，发动机的一些零部件之间的运动也会产生摩擦热。发动机零部件所得到的这些热量，必须通过机体排出。润滑油在发动机工作时，不断地从气缸、活塞、曲轴箱等摩擦表面上吸取热量，并把它传导到其他温度较低的零件上或油底壳而散发到大气中去。

（3）清洗作用　发动机工作时，润滑油氧化后生成的胶状物与机件摩擦而产生的磨屑等杂物结合在一起，便生成油泥。这些油泥对发动机的正常工作会带来很大的影响，甚至损坏发动机，因此必须把这些油泥清洗掉。

（4）密封作用　发动机气缸壁和活塞环间、活塞环和环槽间都有一定的配合间隙或自由间隙，这会使燃烧室产生的气缸压力下降，也会使燃烧后产生的废气窜入曲轴箱，造成润滑油污染。而润滑油在润滑气缸壁的同时也起到了密封的作用，它充满了活塞环和气缸壁、活塞环和环槽等处的配合间隙，形成油封而达到密封不漏气，保证了发动机的输出功率，也阻止了废气向下窜入曲轴箱。

（5）减振作用　润滑油有消除轴承和发动机其他零件间冲击负荷的作用。如在压缩行程终了，气缸中混合气体燃烧时，气缸压力急剧上升，这个力突然施加到活塞、活塞销、连杆、曲轴及轴承。在力传递时，活塞销座孔与活塞销、活塞销与连杆小头活塞销孔、连杆大头轴承与曲轴连杆轴颈、曲轴主轴颈与发动机主轴颈轴承之间的间隙里所存的润滑油就要承受冲击负荷，对轴承起到缓冲作用。

（6）防腐及防锈　发动机在运转时，燃烧生成的水分及酸性气体，会对发动机部件产生腐蚀、锈蚀作用。润滑油能吸附在金属表面，防止酸性气体和水分对金属的腐蚀，起到保护作用。如在润滑油中加入防锈添加剂，则这种保护作用可大大加强。

二、发动机润滑油的使用性能

1. 适宜的黏度和良好的黏温性能

润滑油的黏度影响发动机的起动性和机件的磨损程度、燃油消耗及功率损失的多少。若润滑油黏度过大，在发动机工作时，曲轴搅油阻力增大，燃油消耗量增大；润滑油黏度过小，润滑油不易形成稳定可靠的油膜，既不保证润滑，又不能可靠密封，还会引起机件磨损，发动机功率下降。

2. 有良好的清净分散性能

若润滑油本身在高温时生成的各种氧化物及窜入曲轴箱的废气(含有未燃烧的燃料、水分、硫的氧化物和 NO_x 等)与零件磨损产生的金属粉末等混合在一起,便会在油中生成沉淀物。这种沉淀物量少时会悬浮在油中,量大时会以油泥的形式从油中析出,对发动机会有很大的影响,如造成滤清器和润滑油孔堵塞、供油量减小、活塞环槽结焦、活塞环黏着等故障。所以,要求润滑油要有良好的清净分散性能。

3. 良好的润滑性

发动机润滑油是在高负荷和极压条件下工作,其工作条件较为苛刻。因此,发动机润滑油必须有良好的润滑性,才能使发动机正常工作。

4. 一定的酸中和性

发动机润滑油中的劣化产物和窜入曲轴箱的废气中的有机酸类物质等,对金属有腐蚀性。故要求润滑油具有一定的碱度,中和在使用中产生的酸性物质,避免金属的腐蚀。

5. 低温泵送性能

实际使用时发现,有的发动机润滑油能使发动机在低温下起动,但却使机油泵不能及时正常供油,给发动机运动部件提供合适的润滑,从而造成运动部件的严重磨损。因此,对发动机润滑油的低温泵送性能作了规定。

低温泵送性能可以用边界泵送温度(指能把润滑油连续、充分地供给发动机润滑油泵入口的最低温度)来表示,低于这个温度,润滑油就不能正常泵送。

6. 抗氧化性能

发动机油在工作中由于受温度、空气、水分及金属催化的作用,会发生氧化变质。发动机油氧化后产生黏稠的沥青质和胶状物质,从油中析出而形成沉积物,使发动机不能正常工作。因此,发动机润滑油必须具有抗氧化性能。

7. 抗磨损性能

发动机油的抗磨损性能与油品的黏度、清净分散性、抗腐蚀性有关,也与发动机的工作条件有关。当负荷增大时,如果金属接触表面的油膜被破坏,就会造成干摩擦,引起机件摩擦表面的磨损和擦伤。

8. 一定的抗泡性

润滑油在工作过程中,由于有空气存在,常会产生泡沫,尤其是当油品中含有具有表面活性的添加剂时,更容易产生泡沫,而且泡沫不易消失。润滑油使用中产生泡沫会使油膜破坏,使摩擦面发生烧结或增加磨损,会使润滑系统气阻,影响润滑油循环。因此,发动机润滑油要有一定的抗泡性。

9. 橡胶密封性较好

在液压系统中,以橡胶做密封件者居多,在机械中的油品不可避免地要与一些密封件接触,故润滑油要与橡胶有较好的适应性。

三、发动机润滑油的组成

发动机润滑油由基础油和添加剂两部分组成。基础油是润滑油的主要组成部分,通常占

80%左右,基础油使机油可以发挥其基本功能。添加剂是防止机油在发动机处于极端温度条件下失效,而为发动机提供辅助保护用的。

1. 基础油

基础油是从原油中精炼而来。原油必须经过好几道工序的精炼才能用于生产机油,如去掉白油、硫磺和氮化物等不需要的成分。不饱和碳氢化合物必须提取出来或转换成更稳定的分子。原油先是经过真空蒸馏分离成一系列的分馏物或黏性分子。这些用于生产基础油的分馏物,将通过各种联合精炼过程作进一步处理。基础油有矿物基础油、合成基础油和加氢基础油等。

2. 添加剂

为使发动机润滑油能满足现代汽车的要求,要使用添加剂,主要有清净分散剂、抗磨剂、防锈剂、氧化抑制剂和黏度指数改进剂等。

四、发动机润滑油的分类

发动机润滑油按用途,可分为汽油机油,柴油机油,航空机油,汽、柴油通用机油,醇燃料发动机油和绝热发动机油等。

目前,国外对润滑油的分类大多采用黏度分类法和性能分类法两种。前者的基准是SAE黏度分类法,后者的基准是API性能分类法,这两种分类法较准确地反映出油料的性能要求。

SAE是美国汽车工程师学会的缩写,SAE黏度分类法是目前用的最广泛的分类方法。该分类标准采用含字母W和不含字母W两组黏度系列。

规定用在−18℃所测定的黏度来对冬季用的机油分类,有0W、5W、10W、15W、20W、25W共6个级别。

用100℃所测定的黏度对春秋及夏季用机油进行分类,有20、30、40、50共4个等级。

对−18℃和100℃所测得的黏度值只能满足其中之一的机油,称为单级机油;能同时满足两方面的黏度要求的机油,称为多级机油。表3−5、表3−6为SAE单级机油、多级机油的黏度分类。

表3−5 SAE单级机油黏度分类

黏度号	黏度范围			
	动力黏度(−18℃)/(mPa·s)		运动黏度(100℃)/(mm²/s)	
	最小	最大	最小	最大
5W	—	1 250	3.8	—
10W	1 250	2 500	4.1	—
15W	2 500	5 000	—	—
20W	5 000	10 000	5.6	—
20	—	—	5.6	9.3
30	—	—	9.3	12.5

(续 表)

黏度号	黏度范围			
	动力黏度(−18℃)/(mPa·s)		运动黏度(100℃)/(mm²/s)	
	最小	最大	最小	最大
40	—	—	12.5	16.3
50	—	—	16.3	21.9

表 3−6 SAE 多级机油黏度分类

SAE黏度分级	黏度		黏度指数最小
	0°F(−18℃)最大	210°F(99℃)最小	
5W—10	870	4.2	90
5W—20	870	6.0	120
5W—30	870	6.5	154
5W—40	870	13.0	156
5W—50	870	16.8	156
10W—20	2 600	6.0	90
10W—30	2 600	6.5	132
10W—40	2 600	13.0	139
10W—50	2 600	16.8	144
20W—30	10 050	6.5	97
20W—40	10 050	13.0	113
20W—50	10 050	16.8	120

对机油的质量分类,现在最常用的是 API 质量分类法,API 是美国石油协会的缩写。API 质量分类法也称性能分类法或使用分类法,它将汽油发动机机油分为 S 系列,也称供应站分类;将柴油机机油分为 C 系列,也称工商业分类。两种系列按使用条件或油品质量水平分成许多级别,如 SC、SD、SE、CC、CD、CE 等。

通过 API 测试认证的油品,在机油壶身上标上 API 的双环标志。区分机油等级标准主要依据油品的低温流动性、高温清净性、扩散过滤性、氧化稳定性、耐磨耗性、防腐蚀及防锈性、触媒兼容性,以及环保要求。目前,共有 SA、SB、SC、SD、SE、SF、SG、SH、SJ、SL、SL 这 11 种等级,以 SL 等级为最新。其质量水平,见表 3−7。这是按发动机热负荷、机械负荷的大小、操作条件的缓和程度来区别的。

表 3-7　API 汽油机油的使用性能分类

标号	美国石油学会(API)油品使用范围介绍	美国材料试验学会(ASTM)油品性能介绍
SA	供汽油机和柴油机使用。用于运行条件非常温和的老式发动机。除汽车制造厂特别推荐外,已不再使用	油品内除降凝剂及抗泡剂外不含其他类型的添加剂
SB	供负荷很低的汽油机使用。用于运行条件温和的老式汽油机。除汽车制造厂特别推荐外,已不再使用	该油品具有一定程度的抗氧化和抗磨损性能
SC	用于 1964—1967 年型小轿车和卡车的汽油机。此种油品能控制汽油高、低温沉积物、磨损、锈蚀和腐蚀	该油品具有防止沉淀物和锈蚀的性能
SD	用于 1968—1971 年生产的小轿车和部分卡车的汽油机,适用于国产的解放、东风等汽油发动机。此种油品防止汽油机高温及低温沉积物、磨损、锈蚀和腐蚀的性能优于 SC 级油,并可以用来替代 SC 级油	油品符合车制造厂 1968—1971 年的要求,具有抗低温油泥和抗锈蚀的性能
SE	用于 1972 年以后和某些 1971 年型小轿车及一些卡车的汽油机。适用于标致、桑塔纳、夏利及早期的丰田、日产、本田等轿车。此种油品的抗氧化性和对汽油机高温沉积物、磨损、锈蚀和腐蚀的防护性能优于 SC 或 SD 级油,并可以用来代替 SC 或 SD 级油	油品符合汽车制造厂 1972—1979 年的要求,主要用于小轿车,具有高温氧化性能和防止低温油泥及锈蚀的性能
SF	用于汽车制造厂推荐的维护方法运行的 1980 年以后的小轿车和一些卡车的汽油机,如奥迪、切诺基等车型。此种油品的抗氧化性能和抗磨损性能优于 SE 级油,可以用来代替 SE、SD 或 SC 级油	油品符合汽车制造厂 1980 年的要求,主要用于各种操作条件苛刻的车型,具有抗油泥、抗漆膜、抗锈蚀、抗磨损和抗高温增稠的性能
SG	具有比 SF 更高的清净性、高温氧化稳定性、耐磨性。适用于所有国产和进口新型 6 缸以上的宝马、美洲虎、卡迪莱克、凌志、林肯等高级轿车,同时可以满足各类汽油发动机的中型客车使用	有比 SF 级更好的高温抗氧清净性和抗磨性
SH	具有比 SG 更高的性能,高温时的清净性特别好,适用于林肯、卡迪莱克、奔驰、宝马、本田等最新型的进口轿车	有比 SG 级更好的高温抗氧清净性和抗磨性
SJ	用于 1997 年后生产的汽油机。在 SH 的基础上增加了台架试验,并改善了挥发性	具有比 SH 级别更好的清净性和高温氧化性,并具有更长的使用寿命
SL	用于 2001 年以后生产的汽油机。提高了燃油经济性,保护尾气净化系统,防止催化剂中毒,对发动机具有更好的保护,提供更长的换油周期	有比 SJ 级更好环保性
SM	用于 2004 年后生产的汽油机。针对润滑油的抗氧化性,进一步减少发动机燃烧室积炭的产生,降低阀系磨损;在高温沉积物的防止、氧化安定性、燃油经济性的提高、尾气排放系统保护等方面有着更高的要求	有比 SL 级更好抗磨性和氧化安定性

C系列中,目前已有CA、CB、CC、CD、CD-2、CE、CF、CF-2、CF-4、CG-4、CH-4、CI-4等级别。其质量水平见表3-8,它是按发动机工作负荷、工作条件的苛刻程度、燃料的含硫量及操作条件的缓和程度来区别的。

表3-8 API柴油机油的使用性能分类

标号	美国石油学会(API)油品使用范围介绍	美国材料试验学会(ASTM)油品性能介绍
CA	供轻负荷柴油机使用。用于使用优质燃料、在轻到中等负荷下运行的柴油机,有时也用于条件温和的汽油机。但除汽车制造厂特别推荐外,现已不再使用	用于汽油机和以低硫燃料运行的非增压柴油机
CB	供中负荷柴油机使用。用于在轻到中负荷下运行的柴油机。对发动机磨损和沉积物有较高的防护性能。有时可用于运行条件温和的汽油机。对于使用高硫燃料的非增压柴油机具有防止轴承腐蚀和高温沉积物的性能	用于汽油机和非增压柴油机
CC	供中负荷柴油机和汽油机使用。用于中到重负荷下运行的低增压柴油机,并包括一些重负荷汽油机。对于低增压柴油机,此种油品能防止高温沉积物;对于汽油机,能防止锈蚀、腐蚀和低温沉积物	具有低温防止油泥和锈蚀的性能,并且有适应低增压柴油机需要的性能
CD	供重负荷柴油机使用。用于需要非常有效地控制磨损及沉积物的高速、大功率增压柴油机。对增压柴油机使用优、劣质燃料,该油品都能有效地防止轴承腐蚀和高温沉积物	具有适应中增压柴油机需要的使用性能
CD-2	用于要求高效控制磨损和沉积物的重负荷二冲程柴油机以及要求使用API CE级油的柴油机油,同时也满足CD级油的性能	具有适应重负荷二冲程柴油机的性能
CE	供重负荷增压中冷柴油机使用。用于需要非常有效控制磨损及沉积物的新型高速、大功率增压中冷柴油机	具有适应重负荷增压中冷柴油机需要的使用性能
CF-4	用于高速四冲程柴油机以及要求使用API CF-4级油的柴油机。在油耗和沉积物控制方面性能优于CE级油,该级油品特别适用于高速公路行驶的重负荷货车	具有适应重负荷货车柴油机需要的使用性能
CG-4	适用于1994型重负荷柴油机,燃烧低硫燃料,满足1994年排放标准,降低磨损	具有适应1994型重负荷柴油机需要的使用性能
CH-4	适用于1998型重负荷柴油机,燃烧高或低硫燃料并满足美国1998年排放标准,具有降低氮氧化物和降低磨损	具有适应1998型重负荷柴油机需要的使用性能
CI-4	为了满足2004年排放法规而开发,此排放法规最终提前到2002年10月开始执行,此法规是EMA和EPA就闭环排放达成协议的产物	具有适应新排放法需要的使用性能

五、发动机润滑油的选用

选择发动机机油应根据发动机的特点及本地区的气温情况,兼顾使用性能级别选择和黏度级别选择两个方面,选择合适的质量标准和枯度等级,以保证发动机正常工作和良好的润滑,延长发动机的使用寿命。

1. 发动机润滑油的选用注意事项

(1) 优先选用国产机油。
(2) 优先选用黏度级别较低的机油。
(3) 选择机油质量等级要得当。
(4) 不同种类的润滑油不可混用,更不能混存。
(5) 汽油机机油和柴油机机油不能互相代替或掺兑使用。

2. 汽油机润滑油的选用

汽油机润滑油主要依据发动机的结构特点、使用条件、气候条件等选择润滑油的质量等级和黏度级别。

有汽车使用说明书的用户,依据说明书要求选取(说明书上都规定有在不同气温下、不同使用条件下应选用什么品种和什么黏度的机油)。

无使用说明书时,汽油车可以按照发动机设计年代、发动机的压缩比、曲轴箱是否安装强制通风装置(PCV)、是否安装废气循环装置(EGR)和催化转化器等因素选取润滑油。

3. 柴油机润滑油的选用

有汽车使用说明书的用户,依据说明书要求选取;在没有使用说明书时,也可根据柴油机的强化系数确定柴油机润滑油的质量等级,然后根据汽车使用地区的气候确定润滑油的黏度级别。强化系数在30~50之间的柴油机,选择CC级柴油润滑油;强化系数大于50的柴油机,选择CD级柴油润滑油。

六、发动机润滑油使用注意事项

选择了合适的润滑油后,还要注意正确的使用方法,如果使用不恰当则会出现发动机磨损加剧,甚至拉缸、烧轴瓦的故障。发动机润滑机油使用应注意以下几点:

(1) 同一级别的国内外润滑油使用效果一致,国产长城牌 SJ5W/30 受到国际认可,是目前国产高品质的润滑油,适用所有高档车。

(2) 级别低的润滑油不能用于高性能的发动机,以防造成磨损加剧;级别高的润滑油可以用于稍低性能的发动机,但不可降档过多。

(3) 在确保润滑的条件下,优选黏度低的润滑油,可以减少机件的磨擦损失,提高功率,降低燃料消耗。若发现所用润滑油黏度过高,正确的方法是放掉发动机内所有润滑油(包括滤清器内的润滑油),换用黏度适当的润滑油。

(4) 保持正常油位,常检查、勤补油。

(5) 不同牌号的润滑油不可混用,同一牌号不同生产厂家的润滑油也尽量不混用。

(6) 谨防伪劣润滑油,客观看待国外品牌润滑油,一些国产名牌润滑油品质相当不错,而且价格低于进口同类产品很多。

(7) 定期更换润滑油,并及时更换润滑油滤芯。换油时,一定要在热车时进行。加入新油后应着车数分钟、停机 30 min 后,再检查油面直至达标准。

 实践活动

1. 简述发动机对润滑油的要求。
2. 利用网络了解市场上有哪些品牌的发动机润滑油。
3. 发动机润滑油在使用中有哪些注意事项？

活动七　齿轮油的合理选用

 活动背景

齿轮油指汽车驱动桥、手动变速器、转向器、分动器及轮边减速器、齿轮传动机构用的润滑油。齿轮油以石油润滑油基础油或合成润滑油为主，加入极压抗磨剂和油性剂调制而成的一种重要的润滑油。用于各种齿轮传动装置，以防止齿面磨损、擦伤、烧结等，延长其使用寿命，提高传递功率效率。齿轮油应具有良好的抗磨、耐负荷性能和合适的黏度。此外，还应具有良好的热氧化安定性、抗泡性、水分离性能和防锈性能。

 活动分析

1. 齿轮油的作用有哪些？
2. 齿轮油的使用性能有哪些？
3. 齿轮油是如何分类的？
4. 齿轮油的使用有哪些注意事项？

方法与步骤

一、齿轮油的作用

齿轮油在齿轮传动中所起的作用，包括以下几方面：

（1）降低齿轮啮合时的齿间摩擦，从而降低功率损失。

（2）降低齿轮啮合时的齿间磨损，保证齿轮装置正常运转，延长齿轮寿命。

（3）分散热量，起冷却作用。

（4）防止齿轮腐蚀和生锈。

（5）减少齿轮传动过程中的噪声、振动和冲击。

（6）冲洗污染物，特别是冲洗齿面上的固体颗粒，以免造成磨拉磨损。

二、齿轮油的工作条件

（1）齿轮传动效率高，一般圆柱齿轮传动效率可达98%。与轴承相比，齿轮的当量曲线半径小，油楔条件差。

（2）齿轮传动齿与齿间是线接触，因此，接触面积小，单位接触压力高。一般汽车齿轮单位接触压力可达2 000～3 000 MPa，而双曲线齿轮更高，可达3 000～4 000 Mpa。

（3）齿轮传动不仅有线接触，还有滑动接触，特别是双曲线齿轮，轮齿间有较高的相对滑动速度，一般可达8 m/s左右。这在高速大负荷条件下，会使油膜变薄，甚至局部破裂，导致摩擦与磨损加剧,以至引起擦伤和咬合。

(4) 齿轮油的工作温度一般较内燃机油低,在很大程度上随环境温度变化而变化。车辆齿轮油油温一般不高于100℃。现代轿车采用双曲线齿轮,因其轴线偏置量较大,在车速高时会使齿轮轮面间的相对滑动速度很高,而使油温达到160~180℃。

三、齿轮油的使用性能

为了保证齿轮传动的正常运转,满足各种使用条件的要求,达到齿轮良好润滑的目的,一般要求齿轮油具备以下6条基本性能:

(1) 合适的黏度 黏度是齿轮油最基本的性能。黏度大,形成的润滑油膜较厚,抗负载能力相对较大。

(2) 足够的极压抗磨性 极压抗磨性是齿轮油最重要的性质,是赖以防止运动中齿面磨损、擦伤、胶合的性能。由于齿轮负荷一般都在490 MPa以上,而双曲线齿面负荷更高达2 942 MPa,为防止油膜破裂造成齿面磨损和擦伤,在齿轮油中一般都加入极压抗磨剂。以前常用硫-氯型、硫-磷-氯型、硫-氯-磷-锌型、硫-铅型和硫-磷-铅型添加剂,现在普遍采用硫-磷或硫-磷-氮型添加剂。

(3) 良好的抗乳化性 齿轮油遇水会发生乳化变质,严重影响润滑油膜形成,从而引起擦伤、磨损。

(4) 良好的氧化安定性和热安定性 良好的热氧化安定性能保证油品的使用寿命。

(5) 良好的抗泡性 生成的泡沫不能很快消失将影响齿轮啮合处油膜形成,夹带泡沫使实际工作油量减少,影响散热。

(6) 良好的防锈防腐蚀性 腐蚀和锈蚀不仅破坏齿轮的几何学特点和润滑状态,腐蚀与锈蚀的产物会进一步引起齿轮油变质,产生恶性循环。

四、齿轮油的分类及规格

1. 国外汽车齿轮油的分类

常见的国外汽车齿轮油有黏度分类和使用性能分类两种方式。一类是按SAE黏度分类,分为7种牌号:70W、75W、80W、85W、90、140、250,见表3-9。带尾缀W为冬季用齿轮油,它是根据齿轮油黏度达到150 Pa·s的最高温度和100℃时的最小运动黏度两项指标划分的;不带尾缀W的为夏季用齿轮油,它是根据100℃时的运动黏度范围划分的;另外还有多级油,如80W/90、85W/90等。另一类是按API使用性能分类,依据工作条件的苛刻程度划分为GL-1~GL-6等6级,见表3-10。API齿轮油使用性能分级,有相应的抗擦伤性能的标准齿轮油和试验方法,以控制其负荷承载能力。

表3-9 SAE齿轮油黏度分类

SAE黏度等级	黏度达到150 Pa·s的最高温度/(℃)	100℃时的运动黏度/(mm²/s)	
		最小	最大
70W	-55	4.1	—
75W	-40	4.1	—

(续 表)

SAE黏度等级	黏度达到150 Pa·s的最高温度/(℃)	100℃时的运动黏度/(mm²/s)	
		最小	最大
80W	−26	7.0	—
85W	−12	11.0	—
90	−10	13.5	小于24.0
140	−10	24.0	小于41.0
250	—	41.0	—

表3-10 API齿轮油质量分类

分级	说 明	用 途
GL-1	纯矿物油，可通过加入抗氧、防锈、消泡等添加剂改善性能，但不能用摩擦改进剂和极压剂	低速、低负荷缓和的条件下使用的汽车螺旋锥齿轮及手动变速器、蜗轮、蜗杆传动
GL-2	含有抗磨剂、少量极压剂，适用于齿轮、蜗轮润滑	低速、低负荷缓和的条件下使用的汽车螺旋锥齿轮及手动变速器、蜗轮、蜗杆传动
GL-3	有一定的添加剂，使用于要求负荷在GL-2～GL-4间的润滑场合	中等负荷、速度的螺旋锥齿轮、手动变速器，不能用于双曲线齿轮
GL-4	较多的添加剂、极压剂，其抗擦伤性能等于或优于CRC-RGO-105标准齿轮油	高速低扭、低速高扭操作下的各种齿轮，使用条件不大苛刻的双曲线齿轮
GL-5	其抗擦伤性能等于或优于CRC-RGO-110标准，有大量添加剂	高速、冲击负荷、高速低扭、低速高扭的双曲线齿轮
GL-6	添加剂量很多，其性能等于或优于福特T(Ford)标准齿轮油L-1000的性能	高速冲击负荷、大偏置的双曲线齿轮

2. 国内汽车齿轮油的分类

我国参照API使用分类规定的车辆齿轮油的分类标准，见表3-11。

表3-11 国产车辆齿轮油的分类标准

代号	组成、特性和使用说明	使用部位
CLC	精制矿油加抗氧剂、防锈剂、抗泡剂和少量极压剂等制成，适用于中等速度和负荷比较苛刻的机械变速器和螺旋锥齿轮的驱动桥	机械变速器、螺旋锥齿轮的驱动桥
CLD	精制矿油加抗氧剂、防锈剂、抗泡剂和极压剂等制成，适用于在低速高扭矩、高速低扭矩下操作的各种齿轮，特别是客车和其他各种车辆用的准双曲面齿轮	机械变速器、螺旋锥齿轮和使用条件不太苛刻的准双曲线齿轮的驱动桥

(续 表)

代号	组成、特性和使用说明	使用部位
CLE	精制矿油加抗氧剂、防锈剂、抗泡剂和极压剂等制成，适用于比 CLD 更恶劣的工作环境的各种齿轮，特别是轿车和其他各种车辆的准双曲面齿轮	使用条件苛刻的准双曲面齿轮及其他各种齿轮的驱动桥，也可用于机械变速器

参照 SAE 黏度分类，我国车辆齿轮油按黏度为 150 000 MPa·s 时的最高温度和 100℃时的运动黏度分为 70W、75W、80W、85W、90、140、250 等 7 个黏度标号。

(1) CLC(GL-3)级车辆齿轮油　是一种普通车辆齿轮油，以石油润滑油、合成润滑油及石油润滑油和合成润滑油混合组分为原料，并加入抗氧剂、防锈剂、抗泡剂和少量极压剂等制成，适用于中等速度和负荷比较苛刻的手动变速器和螺旋锥齿轮驱动桥。按黏度分为 80W/90、85W/90 和 90 等 3 个标号。

(2) CLD(GL-4)级车辆齿轮油　许多按企业标准生产的双曲面齿轮油或中负荷齿轮油，在经汽车制造厂试验认定后，可以加在该厂生产的要求使用 GL-4 级油的驱动桥里使用。

双曲面齿轮油的旧黏度标号有 15 号和 18 号（相当于新 90 号）、22 号和 26 号（相当于新 140 号）、7 号（相当于新 75W）。

(3) L-CE(GL-5)车辆齿轮油　按黏度分为 75W、80W/90、90、85W/140、85W/90 等标号。该级别齿轮油经过严格的试验，适用于高速冲击负荷、高速低扭矩和低速高扭矩下工作的各种齿轮，特别是轿车和其他各种车辆的准双曲面齿轮。

五、齿轮油的选用

选用汽车齿轮油，主要是确定其黏度级别和使用性能级别，按此两项指标选用合适的汽车齿轮油。汽车生产厂家的使用说明书里的规定，是选择的主要依据。

对于一般工作条件下的螺旋锥齿轮主减速器（驱动桥）、变速器和转向器，可选用普通车辆齿轮油；主减速器是准双曲面齿轮的，必须根据工作条件选用中负荷车辆齿轮油或重负荷车辆齿轮油。具体选择方法，见表 3-12。

表 3-12　汽车齿轮油的选择

使用性能级别选择		黏度级别（或牌号）的选择	
性能级别	齿轮类型、工作条件和示例	黏度级别	使用气温范围/(℃)
普通车用齿轮油(GL-3)	工作条件缓和的螺旋锥齿轮主减速器和变速器、转向器（解放 CA1091 后桥、变速器等）	90	-10℃以上地区全年通用
		80W/90	-30℃以上地区全年通用
		85W/90	-20℃以上地区全年通用
中负荷车用齿轮油(GL-4)	工作条件一般（齿间压力在 3 000 MPa 以下，齿间滑移速度在 8 mm/s 以下）的准双曲面齿轮主减速器（东风 EQ1090）或要求使用 GL-4 齿轮油的进口汽车	90（旧 18 号）	-10℃以上地区全年通用
		旧 7 号严寒区双曲线齿轮油	-43℃以上严寒区冬季
		85W/90	-20℃以上地区全年通用

(续 表)

使用性能级别选择		黏度级别(或牌号)的选择	
性能级别	齿轮类型、工作条件和示例	黏度级别	使用气温范围/(℃)
重负荷车用齿轮油(GL-5)	工作条件苛刻的准双曲面齿轮主减速器(丰田皇冠等进口轿车)或要求使用 GL-5 齿轮油的进口汽车	90	10℃以上地区全年通用
		140(旧26号)	重负荷、炎热夏季
		85W/90	-20℃以上地区全年通用

六、齿轮油的使用注意事项

(1) 不可将齿轮油当作发动机润滑油使用,否则将引起发动机烧瓦、黏缸等事故。

(2) 绝不能用普通齿轮油代替双曲线齿轮油,否则双曲线齿轮将很快损坏。

(3) 加油量应适当,不可过多或过少。当所加齿轮油量过多时,搅油阻力增加,耗油量增高,而且增大了齿轮油从后桥溢入制动毂的可能,造成制动失灵;若过少,则润滑不良,温度过高,会加速齿轮磨损。

(4) 齿轮油在工作中质量变化不太大,消耗量也较小,只要及时补充新油,就是渣油型齿轮油,其使用里程也可达 2 000～3 000 km。如果选用的油品档次较高,使用里程可达 4 000 km 以上。

(5) 换油时,应趁热放出旧油,将齿轮及齿轮箱洗净后方可加入新油。

(6) 不要因齿轮油黏度过高影响冬季起步,而烘烤后桥。烘烤会使齿轮油严重变质。掺兑柴油等会使齿轮油极压性降低,增加齿轮咬伤的可能性。

(7) 要按规定调整好各部位齿隙,注意齿轮箱密封,防止齿轮油渗漏和水分杂质等侵入。

(8) 如果汽车变速器和分动箱采用的是正齿轮和斜齿轮,而主传动器采用的是双曲线齿轮,则选用油品的类型是不同的,不要因为省事而采用同一类别齿轮油,造成浪费。

(9) 不同品牌的齿轮油不能混用,即使是同牌号的齿轮油,某些指标也不完全相同。

实践活动

1. 分析汽车上哪些部位需要使用齿轮油。
2. 简述国内汽车齿轮油的分类。
3. 简述齿轮油的选用原则。

活动八　汽车轮胎的合理选用

活动背景

　　轮胎是汽车重要的运行材料之一,是汽车行驶系的主要组成部分。轮胎的选择,直接影响到汽车行驶的安全性和使用的经济性。在汽车的高速行驶过程中,轮胎故障是所有驾驶者最为担心和最难预防的,也是突发性交通事故发生的重要原因。轮胎的技术状况可使汽车油耗在 10%～15% 范围内变化,轮胎费用约占汽车运输成本的 10% 左右。

 活动分析

 方法与步骤

1. 轮胎的分类有哪些？
2. 轮胎由哪些部分组成？
3. 为什么不同的车型选用的轮胎花纹不一致？
4. 轮胎的标识如何识读？

一、轮胎的分类

（1）按其结构不同，可分为有内胎轮胎和无内胎轮胎。

（2）按充气压力的高低，可分为高压胎（气压为 0.5～0.7 MPa）、低压胎（气压为 0.2～0.5 MPa）和超低压胎（气压为 0.2 MPa 以下）。

（3）按照胎面花纹不同，可分为普通花纹轮胎、混合花纹轮胎和越野花纹轮胎。

（4）按照胎体中帘线排列方向，可分为普通斜交轮胎和子午线轮胎。

二、轮胎的结构

1. 普通斜交轮胎

斜交轮胎指胎体帘布层和缓冲层相邻层帘线交叉，且与胎面中心线呈小于 90°角排列的充气轮胎。这种轮胎纵向刚性好，适于在普通路面中速行驶。

（1）胎面　胎面是外胎的外表层，包括胎冠、胎肩和胎侧 3 部分。

（2）帘布层　帘布层是外胎的骨架，也称胎体。帘布材料一般有棉线、人造丝线、尼龙线和钢丝等。

（3）缓冲层　缓冲层位于胎面和帘布层之间，一般用两层或数层较稀疏的帘线和弹性较大的橡胶制成。

（4）胎圈　胎圈由钢丝圈、帘布层包边和胎圈包布组成，具有很大的刚度和强度，可使轮胎牢固地装在轮辋上。

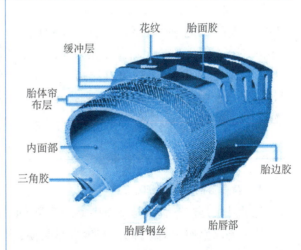

2. 子午线轮胎

子午线轮胎是胎体帘布展线与胎面中心线呈 90°角或接近 90°角排列，以带束层箍紧胎体的充气轮胎。

子午线轮胎与普通斜交胎相比有许多优越性：

（1）滚动阻力小，节约燃料。

（续　表）

（2）耐磨性好，寿命长。
（3）安全性能好。
（4）减振性好，附着性能高。

但它也有缺点：胎侧薄、变形大，容易在胎侧和与轮辋接触处发生裂纹。因胎侧变形大，其侧面稳定性较差，成本也较高。

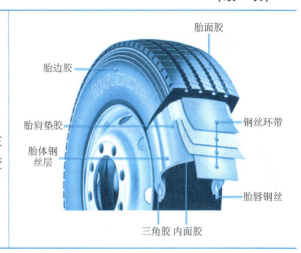

3. 无内胎的充气轮胎

无内胎轮胎没有内胎，空气直接压入外胎中，因此要求外胎和轮辋之间有很好的密封性。

无内胎轮胎的优点是：轮胎穿孔时，压力不会急剧下降，能安全、断续行驶；无内胎轮胎中，不存在因内外胎之间摩擦和卡住而引起损坏；它的气密性较好，可直接通过轮辋散热，所以工作温度低，使用寿命较长；结构简单、质量较小。

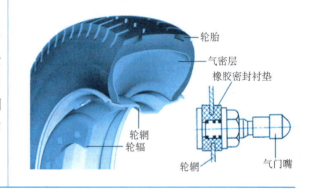

4. 不同胎面花纹轮胎

轮胎花纹是汽车直接与路面接触的部位。除了发挥承载、滚动的功能外，轮胎还要通过它的花纹块与路面产生的磨擦力，产生汽车驱动、制动和转向需要的动力。轮胎花纹型式五花八门，主要有普通花纹、越野花纹和混合花纹3种。

（1）普通花纹　普通花纹适合在硬路面上使用，分为横向花纹、纵向花纹和纵横混合花纹。

① 横向花纹。这种花纹的特点是胎面横向连续、纵向断开，因而胎面横向刚度大，而纵向刚度小，故轮胎抗滑能力呈现出纵强而横弱的特征，汽车以较高速度转向时，容易侧滑。轮胎滚动阻力也比较大，胎面磨损比较严重。这种型式花纹适合于一般硬路面上、牵引力比较大的中型或重型货车使用。

(续 表)

② 纵向花纹。这种花纹特点是胎面纵向连续、横向断开,因而胎面纵向刚度大,而横向刚度小,轮胎抗滑能力呈现出横强而纵弱的特征。这种花纹轮胎的滚动阻力较小,散热性能好,但花纹沟槽易被嵌入碎石子儿。综合来看,这种型式花纹适合在比较清洁、良好的硬路面(如城市道路和高速公路)上行驶。例如,轿车,轻、微型货车等多选择这种胎纹。	
③ 纵横混合花纹。这种花纹介于纵向花纹和横向花纹之间。在胎面中部一般具有曲折形的纵向花纹,而在接近胎肩的两边则设计有横向花纹,胎面的纵横方向抗滑能力比较好。因此,这种型式花纹的轮胎适应能力强、应用范围广泛,它既适用于不同的硬路面,也适宜安装于轿车和货车。	

(2) 越野花纹　越野花纹的特点是花纹沟槽宽而深,花纹块接地面积比较小(约40%～60%)。

在松软路面上行驶时,一部分土壤将被嵌入花纹沟槽之中,必须将嵌入花纹沟槽的这一部分土壤剪切之后,轮胎才有可能出现打滑。在泥泞路上,同一车型的车辆使用越野花纹的,其牵引力可达普通花纹的1.5倍。 越野花纹轮胎适合于在崎岖不平的道路、松软土路和无路地区使用。由于花纹块的接触压力大,滚动阻力大,故不适合在良好硬路面上长时间行驶。否则,将加重轮胎磨损,增加燃油消耗,汽车行驶振动也比较厉害。	

(3) 混合花纹　混合花纹是普通花纹和越野花纹之间的一种过渡性花纹。

其特点是胎面中部具有方向各异或以纵向为主的窄花纹沟槽,而在两侧则以方向各异或以横向为主的宽花纹沟槽。这样的花纹搭配使混合花纹的综合性能好,适应能力强。它既适应于良好的硬路面,也适应于碎石路面、雪泥路面和松软路面,附着性能优于普通花纹,但耐磨性能稍逊。目前,一些货车和四轮驱动的乘用车多使用这种型式的花纹轮胎。	

三、轮胎的标识

按国家标准规定,在外胎的两侧要标出生产编号、制造厂商标、尺寸规格、层级、最大负荷和相应气压、胎体帘布汉语拼音代号、安装要求和行驶方向记号等。

胎体帘线材料以汉语拼音表示,如 M 为棉帘布、R 为人造丝帘布、N 为尼龙帘布、G 为钢丝帘布、ZG 为钢丝子午线帘布轮胎。

轮胎侧面注有"△""一""□"等符号或注有"W""D"等文字,表示轮胎最轻的部分,安装内胎时,应将气门嘴对准符号安装,以使轮胎周围的重量平均,保持轮胎高速转动时平稳。箭头则表示有方向性的轮胎,应按箭头指的方向为旋转方向安装。

高压胎用"D×B"表示。其中,D 代表轮胎名义外径,B 为轮胎的断面宽度,单位为英寸;"×"表示高压胎。

低压胎用"B-d"表示。其中,B 是轮胎断面宽度,d 为轮辋直径,单位为英寸;"-"表示低压胎。由于断面 B 约等于断面高度 H,所装轮辋尺寸 d 可按 $d = D - 2B$ 计算。

轮胎断面宽度和高度比(扁平率),是描述轮胎尺寸的两个重要指标。

轮胎断面宽度是指轮胎按规定充气后,两外侧之间的最大距离,一般以 5 mm 为一单位划分,但新胎断面宽度公差为 63%。断面宽度是指轮胎充气后,外直径与轮辋名义直径之差的一半。轮胎高宽比(H/B)是轮胎断面高度 H 与断面宽度 B 的比率,经圆整后用的分数表示。一般是 5 的倍数,如轿车子午线轮胎分为 60、65、70、75、80 系列。

以 205/55 R16 91W 为例:

① 205 代表胎面宽度,单位为 mm,胎面越宽则轮胎与地面的接触面积越大,抓地力会有所提升,但油耗也会随之而上升。

② 55 则代表轮胎的扁平比,即轮胎的胎高与胎宽的比率,在胎宽相同时,扁平比越小则轮胎越薄。

③ R 代表轮胎是子午线结构,表明组成胎体的链线布层呈辐射状排布在胎体内。

④ 16 代表轮圈的直径,单位为英寸。

⑤ 91 代表承重指数,对应单胎最大载重量,数字越大,载重量越大,如 91 对应的是 615 kg。

⑥ W 则代表速度级别,表示轮胎在允许气压值范围内能承受的最高速度是 270 km/h,速度级别越高则轮胎的高速性能和操控性越好,售价也会越高。轮胎速度级别,见表 3-13。

⑦ 轮胎的出厂日期一般会由一组 4 位的数字组成。如"0610"表示该轮胎是在 2010 年的第 6 周生产的。开头两个数字表示生产在第几周,后两位数字代表年份。

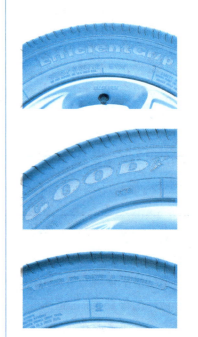

⑧ TREADWEAR320、TRACTIONA、TEMPERA-TURE A 分别代表轮胎的耐磨指数、轮胎的抓力级别和轮胎的(高速)耐热性。第一个数字越大就代表越耐磨,反之则越不耐磨。而抓地级别一般分为 AA、A、B、C 4 个等级,AA 为最优,C 为最一般。温度指数分为 A、B、C 3 个等级,A 为最佳,C 为一般。

⑨ OUTSIDE、INSIDE 和箭头图案则代表了安装时轮胎该侧在外/在内,以及轮胎的前进方向。

表 3-13 轮胎速度级别/(km/h)

B	C	D	E	F	G	H
50	60	65	70	80	90	210
J	K	L	M	N	P	Q
100	110	120	130	140	150	160
R	S	T	U	V	W	Z
170	180	190	200	240	270	300

四、汽车轮胎的正确使用

正确使用轮胎,防止早期损坏,必须严格遵守下列基本要求。

1. 行车中要严格控制轮胎温度

汽车在运行中,由于胎侧经常受到伸张和压缩,胎体内部帘线之间产生磨擦,再加上胎面之间的磨擦,使胎温升高。其温度升高随着运距的延长而加剧,如果习惯高速行驶,频繁地紧急制动,会使胎温出现超温。胎温的升高,促使橡胶老化产生龟裂,物理性能降低。当胎温达到 95℃ 时,就有爆炸危险。实践证明,当外界气温为 40℃ 时,轮胎允许升温仅为 55℃,上升幅度很窄。所以,夏季行车轮胎要注意防爆。

2. 掌握轮胎的充气标准

轮胎气压对轮胎的负荷量有直接关系,制造厂在设计时对各种规格的轮胎都规定了它的最大负荷量与相应的充气压力。在遇到障碍物时,由于受了冲击,变形极大,易嵌入钉子和石块,引起机械性损伤。由于轮胎气压低,使车轮滚动阻力大,会降低行车速度,增加燃料消耗。轮胎气压过高危害也是非常大的,它使轮胎的接触面积减小,增加了单位面积上的负荷,将加速胎冠中部的磨耗。气压高的轮胎碰到障碍物时,胎体爆破的可能性比正常气压更大。因此,选择和保持最适宜的气压是正确使用轮胎的重要条件。

3. 掌握轮胎的负荷

轮胎的负荷是根据轮胎的结构、帘线的层数、帘线材料,以及标准充气压力等因素计算确定的。汽车超载将使轮胎侧壁弯曲变形增加,接地面积大,温度增高,因而加速了胎肩的磨耗和损坏。为此,除严禁超载外,在装卸时还应该注意载重量分布均匀。

4. 保持车辆底盘状况良好

汽车底盘部分的技术状况必须良好。若装配不当,将使轮胎不能平顺滚动而产生滑移、拖曳,因而加速轮胎的磨耗。

5. 合理搭配轮胎

由于同一名义尺寸、不同厂家生产的轮胎,实际尺寸会有差别;轮胎花纹不同,胎面与地面的附着力也不同;后轮采用双胎并装,双胎的高低与路面拱度配合不当,承受重力会不一致;轮胎的装配位置,前后车轴负荷分配以及行驶道路条件不同等,都将使不同位置的轮胎磨耗程度有差别。因此,必须合理搭配轮胎。

6. 根据路面掌握行车速度

行车速度要适应路面情况,掌握经济车速,避免高速行驶。高速行驶使轮胎的动负荷增大,胎侧曲折频率增加,温度升高较快,影响橡胶与帘线层的强度,因而增加胎面磨损,还会严重影响安全行车。经验证明,汽车行驶速度由中速提高到高速,轮胎行驶里程降低15%左右。因此,必须根据道路情况掌握车速。尤其冶金企业的车辆频繁地进出仓库、车站、工地时,总在多变路面条件下行驶,更应当合理地选择行车速度,注意驾驶操作。

7. 认真执行驾驶操作规程

节约轮胎和节约汽油一样,与驾驶员的操作有很大关系,除了对汽车驾驶员加强节约轮胎方面的教育和执行驾驶员岗位责任制外,还应将驾驶操作中节约轮胎的经验及时总结推广:

(1) 认真执行例行保养,经常检查轮胎气压与胎温是否正常。

(2) 注意车辆装载均匀,做到不超载。

(3) 起步平稳,做到知人、知路、知车、先慢、先让、先停。充分估计行车道路障碍动态,尽量避免紧急制动。

(4) 选择路面,保持匀速行驶,在转弯和坏路面行驶要适当减速。

(5) 选择停车地点,不要停在有油污的地方和有钢渣积聚的路面上。

(6) 严禁用水浇泼发热的轮胎,轮胎气压高时严禁放气。

(7) 注意停车后不要硬转动方向盘。

8. 加强对轮胎的保养

一要抓好例行保养,做到"四勤":勤查气压、勤查胎温、勤挖胎纹中的石子、勤塞胎上的小洞,二要提高底盘保养质量,三要及时进行轮胎换位。注意:

(1) 保持轮胎气压正常。

(2) 防止轮胎超载。

(3) 合理搭配轮胎。

(4) 精心驾驶车辆。

(5) 保持良好的底盘技术状况。

(6) 做好日常维护。

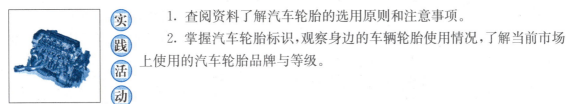

实践活动

1. 查阅资料了解汽车轮胎的选用原则和注意事项。
2. 掌握汽车轮胎标识，观察身边的车辆轮胎使用情况，了解当前市场上使用的汽车轮胎品牌与等级。

活动九 汽车的节油方法与技巧

活动背景

随着燃油价格的节节攀升，汽车燃料的消耗越来越受到人们的关注，燃料消耗费用已经成为汽车使用成本最大的支出部分，占到总支出的30%以上。因此，汽车的经济性能、单位里程燃油消耗量成为汽车选购和使用的重要标准之一。

汽车节油的意义：

① 减少燃料消耗总量，节约能源；
② 减少燃烧带来的废气总量，减少温室气体排放，有利于环境保护；
③ 降低了汽车使用成本，提高汽车的经济性；
④ 充分发挥燃料和车辆的本身性能，有效利用燃料的热值。

活动分析

1. 汽车节油的驾驶技巧有哪些？
2. 汽车节油的结构措施有哪些？

方法与步骤

一、汽车节油的驾驶技巧

汽车本身技术状况是决定油耗的内因，而合理的驾驶操作是决定油耗的外因。

1. 汽车驾驶技术对节油的影响

据统计，由于驾驶技术的高低所引起的燃料消耗可相差7%～15%；对于刚学会开车的驾驶员相差可达20%～40%；同一个驾驶员，操作稍加改进，能收到10%左右的节油效果；不良操作在直接引发费油的同时，还造成了燃烧系统损伤。

2. 节油驾驶技巧

（1）发动机的启动　启动时间不得过长，两次间隔不得少于15 s；化油器式发动机冷启动时，应完全关闭阻风门，启动后应及时打开；有预热设备的柴油发动机，应先预热；采用电子控制燃油喷射系统的发动机启动时，不允许踩下加速踏板。

（2）发动机的预热　预热过程中，应关闭百叶窗、挡风帘；禁止采用加空油的方法缩短预热时间，这种操作不但不节油，反而会造成发动机机械磨损加大，影响发动机的使用寿命。

（3）汽车起步加速　启动后，待各项指标正常后方可起步；货车一般Ⅱ档起步，其他车辆Ⅰ

档起步;坡道起步时,要注意油门和离合器的配合;起步后,应适当对汽车行驶系统预热;冬季汽车起步行驶在10 km以内车速不能超过30~40 km/h,并根据不同气温适当延长低档行驶时间。

(4) 档位的选择和变换　注意以下几点:

① 正确的换档点应该是在发动机的扭矩达到最大时。换档过早、换档太晚造成扭矩浪费,使油耗增加。

② 选择档位的省油原则是"就高不就低",只要车速达到高档的范围,就要及时挂入高档。

③ 正常行驶使用最高档,根据不同情况使用不同档位,不可越级增档。

④ 当行驶阻力大于牵引力时,如果不及时减档,将迫使发动机减速至不稳定的工作状况,使发动机动力急剧降低,耗油增加。

⑤ 发动机较长时间处于大负荷、低转速状况下工作,会造成发动机冷却效果不好、润滑条件恶劣,同时燃烧室和缸壁上的温度过高,给发动机带来不正常损伤,也会增加油耗。

(5) 汽车行驶速度　维持中等车速行驶,过高、过低均对经济性有不良影响。通常,经济车速为最高车速的65%左右。在行车过程中,尽量保持经济车速;一般轿车的经济车速在每小时90 km/h左右,这时变速箱应该处于高档(一般是5档),发动机转速在每分钟2 000~3 000转之间。

(6) 离合器的运用　在没有同步器的车辆上应采用两脚离合器,但熟练驾驶员也可采用一脚离合器换档法,节省燃料;换档时离合器踏板一定要踩到底,否则,会使离合器和变速器磨损加剧、油耗增加;行驶中,不得把脚放在离合器踏板上,以防出现离合器半联动现象,而使离合器磨损加剧,油耗增加。

(7) 加速踏板的运用　汽车行驶时,加速踏板要轻踏、柔和控制,节气门的开度不宜过大。实践证明,只要正确控制油门的大小,便可有效地省油。值得注意的是,驾驶装配自动变速器的车辆,当油门开度越大时,其升档点就越迟,造成油耗增加。

(8) 合理利用滑行　合理使用滑行可以减少油耗,但应考虑安全因素,禁止空档熄火滑行。注意,现代小轿车是不允许空档滑行的。

(9) 行驶路线的"优选"

俗话说"不怕慢,就怕站",根据每天的出车任务和要到达的目的地,应对行车路线进行分析、比较,从而选出有利于节油的最佳行车路线;驾驶员要根据自己的行车经验、天气情况、交通情况等而定。因此,最短的路径不一定就是最省油的路径。

二、其他的节油方法

1. 政策性措施

政策性措施是制定正确的运输能源政策,包括燃料价格政策、燃料与道路税收政策、油料分配与奖惩制度、油料管理制度、各种运输方式的合理分配与转换政策、新能源开发政策、限制油耗及车速的标准法规等。

节能管理和营运管理以及交通管理措施对汽车节能有很大的影响,是降低运输企业油耗成本的重要措施。

节能管理,包括制定有关运行油耗的法规和标准,完善油耗考核奖惩制度,正确选择与合理使用车辆,正确选用汽车运行材料,推广节能新技术、新产品等。

营运管理,包括掌握运输市场信息,建立现代化调度系统,提高现有车辆的实载率,结合全球卫星定位系统(GPS)、地理信息系统(GIS)和先进运输信息系统(ATS)的平台建立新型货运系统和客运系统。

交通管理措施,包括改善交通基础设施,设计合理的管理模式,从而改进交通流的运行特性。改善道路设施,如建设高速公路、汽车专用公路,改善道路结构,提高路面质量,实行立体交叉等;优化交通管理,如采用信号控制、运行路线诱导、速度限制指示系统;改善交通系统,如双层公共汽车、特定需要的公共汽车、城市汽车系统、快速运输系统及复合运输系统。

2. 结构措施

(1) 改善发动机的燃料经济性　可采用以下方法:

① 改进燃烧室,提高压缩比。当压缩比 ε 提高时,热效率增加,发动机动力性提高,发动机油耗率降低。试验表明,在 $\varepsilon = 7.5 \sim 9.5$ 范围内,压缩比每提高一个单位,油耗可以下降 4% 以上。

汽油机压缩比的提高主要受爆震和 NO_x 污染物排放的限制。而且提高到一定程度后,不仅对提高发动机的功率和效率无明显效果,而且会增加排气中 NO_x 污染物的浓度。另外,提高压缩比,需要相应汽油辛烷值,使得汽油炼制成本提高。

② 改善进、排气系统。改善进、排气系统的目的是,减少进气管气流阻力,减少排气干扰,提高充气效率。进气管的结构和尺寸要保证有足够的流通截面,并保证管道的表面光洁,连接处平整,要减少气流转折以及流通截面突变,以减少气流的局部阻力。进气门是整个进气管道中产生阻力最大的地方。例如,大众捷达汽车发动机每缸采用 5 气门(3 个进气门,两个排气门)结构,以增加进气充量。

③ 选择合理的配气相位。充气系数的变化特性、换气损失、燃烧室扫气作用、排气温度,以及净化程度是综合评定配气相位的指标。

合理的配气相位选择,是与发动机常用工作区相关的。通常,配气相位的持续角较宽时,发动机在高速时充气特性好、低速时充气特性差;当配气相位持续角窄时,则相反。

现在有些车型已采用电子-液压控制的可变配气相位,可保证发动机在各种工况下处于最佳状态,从而提高汽车的经济性,减少燃油消耗。

④ 采用稀混合气燃烧。稀混合气可以提高发动机燃料经济性的主要原因是,由于稀混合气中的汽油分子有更多的机会与空气中氧分子接触,容易燃烧完全。同时,混合气越接近于空气循环,绝热指数 K 越大,热效率随之提高;燃用稀混合气,由于其燃烧后最高温度降低,使气缸壁传热损失较少,并使燃烧产物的离解减少,从而提高了热效率。

采用稀混合气,由于气缸内压力、温度低,不易发生爆震,则可以提高压缩比,增大混合气的膨胀比和温度,减少燃烧室残余废气量,因而可以提高燃油的能量利用效率。

为了燃用稀混合气,还可以采用分层充气技术,即在火花塞附近的局部区域内供给易于点燃的浓混合气,而在其他区域供给相当稀的混合气。浓混合气一旦形成火焰,在它的高温和由它所造成的强涡流影响下,使稀混合气点燃,并使火焰传播。

使用稀薄燃烧技术的汽油发动机,空燃比可达 20∶1 以上,甚至高达 26∶1。

⑤ 熄缸节油技术。为了保证汽车具有良好的动力性,要求选用功率较大的发动机,以便克

服各种行驶阻力。但在汽车行驶中,经常处于不经济的部分负荷状况,使耗油量增多。如果能够根据汽车工况,同时调节发动机功率,使之始终保持在最佳负荷率下工作,就可解决上述问题。

熄缸法是改变参与工作的气缸数目,在中、小负荷时,关闭部分气缸,而提高另一部分气缸的功率利用率,使之工作在较经济工况。熄缸法的效果取决于熄缸时机的掌握,最好用微机自动控制。

减少发动机工作气缸数的方法很多,有的采用堵塞进气道的方法,有的采用关闭进排气门的方法。关闭进排气门的方法能减少泵气损失和气门驱动损失,节油效果显著。

(2) 选择最佳传动比　当主减速比一定时,在一定的道路条件下,汽车用不同排档行驶,油耗相差较大。显然,在同样的道路和车速条件下,虽然发动机输出功率相同,但档位越低,后备功率越大,发动机的负荷率越低,有效比油耗越高;而使用高档位时,情况则相反。所以,一般尽可能选用高档位行驶。

(3) 减轻汽车整备质量　汽车行驶时,汽车功率消耗与汽车行驶阻力有关。除空气阻力外,其他阻力都与汽车总质量有关。因此,减轻汽车整备质量,是降低油耗最有效的重要措施之一。据有关资料,汽车整备质量每增加25%,油耗增加8%;汽车整备质量减轻10%,油耗可减少8.5%。汽车轻量化的目的,主要在于提高燃油经济性。奥迪A6型轿车铝制车身减少重量15%,油耗随之降低5%~8%。

当前,减轻自重的主要方法,一是尽量减少零件数量;二是大量采用轻质合金及非金属材料。具体措施有:用优化设计的方法充分利用材料的强度,提高结构的刚度;采用高强度轻材料,如采用高强度低合金钢、铝合金、镁合金、塑料和各种纤维强化等材料制造汽车零件;改进汽车结构,如轿车采用前轮驱动、高可靠性轮胎(可以去掉备胎)、少片或单片弹簧钢板、承载式车身、空冷式发动机、二行程发动机、绝热发动机,以及各种零件的薄壁化、复合化、小型化等;减少车身尺寸,这还有利于减少行驶时的空气阻力;取消一些附加设备及器材等。质量轻的电子产品的大量应用,也对汽车的轻量化发挥了作用。

(4) 合理选择轮胎,减少空气阻力　采用子午线胎,提高轮胎气压,是减少滚动阻力主要途径。试验表明,大型货车装用子午线胎后,滚动阻力可减少15%~30%,节油5%~8%,轿车子午轮胎的汽车节油率为6%~9%。

汽车的滚动阻力随轮胎气压的增加而减少。将轮胎气压由166.6 kPa提高到215.6 kPa,滚动阻力减少30%,油耗降低3%。但轮胎气压提高后,又带来舒适性降低、悬架动载荷变大等问题,并且轮胎气压的提高受到有关道路法规的限制。

(5) 改善汽车外形,减少空气阻力　汽车在高速行驶时,空气阻力消耗的功率相当大,可达50%左右。空气阻力的大小取决于汽车迎面面积A和空气阻力系数C_D。其中,汽车迎面面积取决于汽车的外形尺寸,难以改变。因而,主要应从改进空气阻力系数着手。例如,大众汽车空气阻力系数,1975年前后约为0.45,而近年来生产的帕萨特为0.28,其概念车的空气阻力系数已下降至0.20。

研究表明,空气阻力系数每降低10%,可使汽车燃料经济性提高2%左右。目前,国内外采取减少空气阻力系数的主要措施有:选择合理的车身外形、对所有暴露部进行空气动力学优选,以及在车身上加装各种导流装置。

载货汽车采用导流装置日益得到发展,目前应用较多的有以下几种:

① 凸缘型空气阻力减少装置。它装于厢式车身的前壁,并包复其顶边及两侧。安装这种装置后,C_D 可减少 3%～5%。

② 空气动力学屏板,装在驾驶室顶上。汽车安装这种屏板后,C_D 可减少 3% 以上。

③ 间隙密封罩 B 装在驾驶室和车箱之间。据美国某大学试验表明,其最好的节油效果达 12%。

此外,在车身下部装防护罩及在车厢后面装后导流罩等,都是有效的节油措施。

3. 开发代用燃料

例如,液化气(LPG)、石油气(NPG)、甲醇汽油、乙醇燃料和植物燃料的应用。

4. 研制新型动力装置

例如,转子发动机、塑料发动机、燃料电池发动机、氢气发动机、蓄电池车及电动车等。

5. 增加专用车辆

发展大吨位汽车列车运输。

6. 改进汽车维修方法

提高维修质量,提高车况完好率。

实践活动

1. 利用所学知识,在班级中组成若干个 3～5 人小组,到货运市场对驾驶员宣传节油的措施和意义。

2. 利用网络资源,了解汽车发达国家在汽车的燃料经济性和节油方面的具体结构措施。

项目四
汽车的日常养护

- 活动一　汽车维护的分类与内容
- 活动二　维修手册的阅读
- 活动三　汽车的初驶保养
- 活动四　汽车出车前、出车后及行驶中的维护
- 活动五　汽车的常规保养与汽车暂停或封存时的养护
- 活动六　汽车的换季养护
- 活动七　"三滤"及机油的更换
- 活动八　汽车常用油、液的检查与添加

项目四　汽车的日常养护

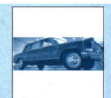

情景描述

　　汽车作为现代人类的主要运输工具为我们提供了方便快捷的交通,但由于汽车保养项目繁多,车主或驾驶员必须遵守《保养使用手册》,认真履行汽车的正确维护,确保车辆的状态完好。汽车的日常养护是保证汽车的良好的动力性、经济性、安全性、舒适性、环保性的有效手段,用车"七分养三分修"的观念也日益深入人心。

　　汽车的日常养护是为维持汽车技术状况或工作能力而进行的一系列工作。汽车行驶一定里程后,应按要求对汽车的各总成及附属设备进行清洁、检查、调整、润滑等作业,以消除各种隐患,保持和恢复汽车良好的技术性能。日常养护就是将可能出现的事故消除在萌芽状态。

　　汽车的日常养护包含了汽车的各个方面,通过对汽车养护和汽车维护的学习,加深对汽车修理与运用知识的理解,并在实践中加以磨练,培养分析问题与解决问题的能力。

 **学习支持**

本项目知识目标:

1. 熟悉汽车维护的分类及内容,了解中华人民共和国汽车维护的相关法律、法规。
2. 掌握汽车各系统的维护周期。
3. 熟悉汽车初驶与常规保养的项目内容。
4. 掌握汽车日常保养的内容和范围。
5. 了解汽车暂停和封存时的养护内容和注意事项。
6. 掌握汽车换季养护的内容。
7. 熟练掌握汽车常用油、液的检查方法。

本项目能力目标:

1. 熟练掌握汽车维修资料的查阅方法,能利用各种信息快速获得维修资料。
2. 掌握初驶前汽车的保养。
3. 熟练操作汽车日常保养。
4. 能独立完成汽车换季养护。
5. 熟练掌握汽车常用油、液的检查方法和更换。

活动一 汽车维护的分类与内容

中华人民共和国国家标准 GB/T 18344—2001《汽车维护、检测、诊断技术规范》中,对汽车的各类维护作了明确的规定。中华人民共和国国家标准 GB/ 7258—2004《机动车安全运行技术条件》中,对汽车的技术状态作了明确的要求。因此在进行汽车维护作业时,必须遵循相关的国家标准和各省、市政府制定的行业标准,以及各汽车生产厂家的维护标准和要求。

1. 汽车维护的分类有哪些?
2. 汽车各级维护的主要内容包括哪些?
3. 各级维护的周期分别有何要求?
4. 国家标准中对汽车维护的具体要求是什么?

一、汽车维护的分类

(1) 日常维护 以清洁、补给和安全检视为作业中心内容,由驾驶员负责执行的车辆维护作业。

(2) 一级维护 除日常维护作业外,以清洁、润滑、紧固为作业中心内容,并检查有关制度、操纵等安全部件,由维修企业负责执行的车辆维护作业。

(3) 二级维护 除一级维护作业外,以检查、调整转向节、转向摇臂、制动蹄片、悬架等经过一定时间的使用容易磨损或变形的安全部件为主,并拆检轮胎,进行轮胎换位,检查调整发动机工作状况和排气污染控制装置等,由维修企业负责执行的车辆维护作业。

二、汽车维护的周期

(1) 日常维护的周期 出车前,行车中,收车后。

(2) 一级维护、二级维护的周期 汽车一、二级维护周期的确定,应以汽车行驶里程为基本依据。汽车一、二级维护行驶里程依据车辆使用说明书的有关规定,同时依据汽车使用条件的不同,由省级交通行政主管部门制定相应的维护标准。

对于不便用行程里程统计、考核的汽车,可用行驶时间间隔确定一、二级维护周期。其时间(天)间隔可依据汽车使用强度和条件的不同,参照汽车一、二级维护里程周期确定。

三、汽车维护的内容

1. 日常维护

(1) 对汽车外观、发动机外表进行清洁,保持车容整洁。

(2) 对汽车各部润滑油(脂)、燃油、冷却液、制动液、各种工作介质、轮胎气压进行检视补给。

(3) 对汽车制动、转向、传动、悬挂、灯光、信号等安全部位和位置,以及发动机运转状态进行检视、校紧,确保行程安全。

2. 一级维护

一级维护作业内容,见表 4-1。

表 4-1　一级维护作业内容

序号	项目	作业内容	技术要求
1	点火系	检查、调整	工作正常
2	发动机空气滤清器、空压机空气滤清器、曲轴箱通风系空气滤清器、滤清器	清洁或更换	各滤芯应清洁无破损,上下衬垫无残缺,密封良好;滤清器应清洁,安装牢固
3	曲轴箱油面、化油器油面、冷却液液面、制动液液面高度	检查	符合规定
4	曲轴箱通风装置、三效催化转化装置	外观检查	齐全、无损坏
5	散热器、油底壳、发动机前后支垫、水泵、空压机、进排气歧管、化油器、喷油泵联结螺栓	检查校紧	各联结部位螺栓、螺母应紧固,锁销、垫圈及胶垫应完好有效
6	空压机、发电机、空调机皮带	检查皮带磨损、老化程度,调整皮带松紧度	符合规定
7	转向器	检查转向器液面及密封状况,润滑万向节十字轴、横直拉杆、球头销、转向节等部位	符合规定
8	离合器	检查调整离合器	操纵机构应灵敏可靠,踏板自由行程应符合规定
9	变速器、差速器	检查变速器、差速器液面及密封状况,润滑传动轴万向节十字轴、中间承,校紧各部连接螺栓,清洁各通气塞	符合规定
10	制动系	检查紧固各制动管路、检查调整制动踏板自由行程	制动管路接头应不漏气,支架螺栓紧固可靠;制动联动机构应灵敏可靠,储气筒无积水、制动踏板自由行程符合规定
11	车架、车身及各附件	检查、紧固	各部螺栓及拖钩、挂钩应紧固可靠,无裂损,无窜动,齐全有效
12	轮胎	检查轮辋及压条挡圈;检查轮胎气压(包括备胎),视情况补气;检查轮毂轴承间隙	轮辋及压条挡圈应无裂损、变形;轮胎气压应符合规定,气门嘴帽齐全;轮轴承间隙无明显松旷
13	悬架机构	检查	无损坏、联结可靠
14	蓄电池	检查	电解液液面高度应符合规定,通气孔畅通,电桩夹头清洁、牢固

(续 表)

序号	项目	作业内容	技术要求
15	灯光、仪表、信号装置	检查	齐全有效,安装牢固
16	全车润滑点	润滑	各润滑安装正确,齐全有效
17	全车	检查	全车不漏油、不漏水、不漏气、不漏电、不漏尘,各种防尘罩齐全有效

注:技术要求栏中的"符合规定",是指符合实际使用中的有关规定(GB 7258—2012)。

3. 二级维护

(1) 二级维护作业过程　汽车二级维护首先要进行检测,汽车进厂后,根据汽车技术档案的记录资料(包括车辆运行记录、维修记录、检测记录、总成修理记录等)和驾驶员反映的车辆使用技术状况(包括汽车动力性,异响,转向,制动及燃、润料消耗等)确定所需检测项目,依据检测结果及车辆实际技术状况进行故障诊断,从而确定附加作业。附加作业项目确定后,与基本作业项目一并进行二级维护作业。二级维护过程中,应进行过程检验,过程检验项目的技术要求应满足有关的技术标准或规范;二级维护作业完成后,应经维护企业进行竣工检验,竣工检验合格的车辆,由维护企业填写《汽车维护竣工出厂合格证》后方可出厂。

(2) 二级维护工艺过程　二级维护工艺过程如图 4-1 所示。

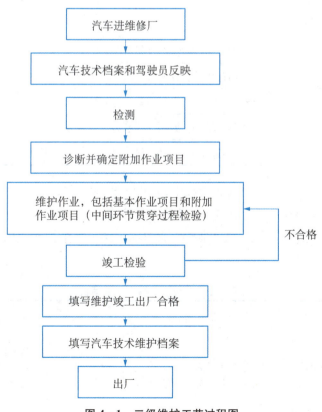

图 4-1　二级维护工艺过程图

(3) 汽车二级维护检测、诊断　具体要求如下：

① 对汽车二级维护检测项目进行检测时，应随用该检测项目的专用检测仪器，仪器精度须满足有关规定。

② 汽车二级维护检测项目的技术要求，应参照国家有关的技术标准，或按原厂要求执行。

③ 汽车二级维护检测项目，见表4-2。

④ 根据检测结果进行汽车故障诊断，确定以消除汽车故障为目的的二级维护附加作业项目和作业内容，恢复汽车的正常技术状况。附加作业项目确定后，应与基本作业项目一并进行二级维护作业。

表4-2　汽车二级维护检测项目

序号	检 测 项 目
1	发动机功率，汽缸压力
2	汽车排气污染物，三效催化转化装置的作用
3	电控燃油喷射系统
4	柴油车检查供油提前角、供油间隔角和喷油泵供油压力
5	制动性能、检查制动力
6	转向轮定位，主要检查前轮定位角和转向盘自由转动量
7	车轮动平衡
8	前照灯
9	操纵稳定性，有无跑偏、发抖、摆头
10	变速器，有无泄漏、异响、松脱、裂纹等现象，换档是否轻便灵活
11	离合器，有无打滑、发抖现象，分离是否彻底，接合是否平稳
12	传动轴，有无泄漏、异响、松脱、裂纹等现象
13	后桥，主减速器有无泄漏、异响、松动、过热等现象

(4) 二级维护过程检验　二级维护过程中，要始终贯穿过程检验，并作检验记录。过程检验中各维护项目的技术要求，需满足相应的有关技术标准或出厂说明书的有关规定。

(5) 二级维护基本作业项目　二级维护作业内容包含一级维护作业内容，其基本作业项目见表4-3。

表4-3　二级维护基本作业项目

序号	维护项目	作业内容	技术要求
1	发动机润滑油、机油滤清器	(1) 更换润滑油 (2) 视情更换机油滤清器	(1) 润滑油规格性能指标符合规定 (2) 液面高度符合规定 (3) 机油滤清器密封良好，无堵塞，完好有效

（续 表）

序号	维护项目	作业内容	技术要求
2	检查润滑油油面高度	检查转向器、变速器、主减速器等润滑油规格和液面高度，不足时按要求补给	符合出厂规定
3	空气滤清器	清洁空气滤清器	(1) 空气滤清器清洁有效，安装可靠 (2) 恒温进气装置真空软管安装可靠 (3) 进气转换阀工作灵敏、准确
4	(1) 油箱及油管 (2) 燃油滤清器 (3) 燃油泵	(1) 检查接头及密封情况 (2) 清洁燃油滤清器，并视情更换 (3) 检查燃油泵，必要时更换	(1) 接头无破损、渗漏，紧固可靠 (2) 燃油滤清器工作正常 (3) 燃油泵工作正常，油压符合规定
5	燃油蒸发控制装置	检查清洁，必要时更换	工作正常
6	曲箱箱通风装置	检查、清洁	清洁畅通。连接可靠，不漏气，各阀门无堵塞、卡滞现象，灵敏有效，符合规定
7	散热器、膨胀箱、百叶窗、水泵、节温器、传动皮带	(1) 检查密封情况、箱盖压力阀、液面高度、水泵 (2) 检视皮带外观，调整皮带松紧度	(1) 散热器及软管无变形、破损及渗漏，箱盖接合表面良好；胶垫不老化，箱盖压力阀开启压力符合要求；水泵不漏水，无异响；节温器工作性能符合规定 (2) 皮带应无裂痕和过量磨损，表面无油污，皮带松紧度符合规定
8	(1) 进、排气歧管、消声器、排气管 (2) 汽缸盖	(1) 检查、紧固，视情补焊或更换 (2) 按规定次序和扭紧力矩校紧汽缸盖	(1) 无裂痕、漏气、消声器性能良好 (2) 扭紧力矩符合规定
9	增压器、中冷器	检查、清洁	符合规定
10	发动机支架	检查、紧固	连接牢固、无变形和裂缝
11	化油器及联动机构	清洁、检查、紧固	清洁、联动机构运动灵活，联结牢固；无漏油、气现象，工作系统和附加装置工作正常
12	油器、喷油器	检查喷油器和喷油泵的作用，必要时检测喷油压力和喷油状况，视情调整供油提前角	(1) 喷油器雾化良好，无滴油、漏油现象，喷油压力符合规定 (2) 供油提前角符合规定
13	分电器、高压线	清洁、检查	分电器无油污，调整触点间隙在规定范围内，无松旷、漏电现象、高压线性能符合规定
14	火花塞	清洁、检查或更换火花塞，调整电极间隙	电极表面清洁，间隙符合规定

(续 表)

序号	维护项目	作业内容	技术要求
15	气门间隙	检查调查	符合规定
16	电控燃油喷射系统供油管路	检查密封状况	密封良好,作用正常
17	三效催化装置	检查三效催化装置的作用,必要的更换	作用正常
18	离合器	检查调整离合器踏板自由行程	离合器踏板自由行程符合规定
19	前轮制动	(1) 检查前轮制动器调整臂的作用	作用正常
		(2) 拆卸前轮毂总成、制动蹄、支承销;清洗转向节、轴承、支承销、清洁制动底板等零件	清洁、无油污
		(3) 检查制动盘、制动凸轮轴,校紧装置螺栓	(1) 制动底板不变形,按规定力矩扭紧装置螺栓 (2) 凸轮轴转动灵活、无卡滞,转向间隙符合规定
		(4) 检查转向节及螺母、保险片及油封、转向节臂,校紧装置螺栓	(1) 转向节无裂纹,螺纹完好,与螺母配合应无径向松旷,保险片作用良好,油封完好不漏油 (2) 转向节轴径与轴承的配合间隙符合要求,转向节臂装置螺栓扭紧力矩符合规定
		(5) 检查内外轴承	液柱保持架无断裂,滚柱无脱落,无裂损和烧蚀,轴承内圈无裂损和烧蚀
		(6) 检查制动蹄及支承销	(1) 制动蹄无裂损及明显变形,摩擦片不破裂,铆接可靠,摩擦片厚度符合规定 (2) 支承销无过量磨损,支承销与制动蹄承孔衬套配合间隙符合规定
		(7) 检查制动蹄复位弹簧	复位弹簧应无明显变形,自由长度、拉力符合规定
		(8) 检查前轮毂、制动鼓及轴承外座圈,校紧轮胎螺栓内螺母	(1) 轮毂无裂损 (2) 轴承外座圈无裂纹,无麻点,无烧蚀 (3) 制动鼓无裂纹,外边缘不得高出工作表面,检视孔完整,内径尺寸、圆度误差、左右内径差符合规定 (4) 轮胎螺栓齐全完好,规格一致、按规定力矩扭紧

（续 表）

序号	维护项目	作业内容	技术要求
		（9）装复前轮毂、调整前轮轴承松紧度及制动间隙	（1）装复支承销，制动蹄支承销孔均应涂润滑脂，开口销或卡簧齐全有效 （2）润滑轴承 （3）制动鼓、制动片表面清洁，无油污 （4）制动片与制动鼓的间隙应符合规定，转动无碰擦现象或声响，检视孔挡板齐全 （5）轮毂转动灵活，用拉力计测量时可转动且无轴向间隙 （6）保险可靠，防尘罩、衬垫完好，螺栓垫圈齐全紧固（螺栓规格一致）
20	后轮制动	（1）拆半轴、轮毂总成、制动蹄、支承销，清洗各零件及制动底板、半轴套管	（1）轮毂通气孔畅通 （2）各零件及制动盘、后桥套管清洁无油污
		（2）检查制动底板、制动凸轮轴，校紧联结螺栓	（1）制动底板不变形，联结栓按规定力矩紧固 （2）凸轮轴转动灵活，无卡滞，轴向间隙和径向间隙符合规定
		（3）检查后桥半轴套管、螺母及油封	（1）套管无裂纹及明显松动，与螺母配合无径向松旷 （2）油封完好，无损坏，无漏油 （3）套管颈与轴承配合间隙符合规定
		（4）检查内外轴承	（1）轴承保持架无断裂，滚柱不脱落，无裂损和烧蚀 （2）轴承内座圈无裂纹、烧蚀
		（5）检查制动蹄及支承销	（1）制动蹄无裂纹及变形，摩擦片不破损，铆接可靠，摩擦片厚度符合规定 （2）支承销与制动蹄孔衬套配合间隙符合规定 （3）支承销无过量磨损
		（6）检查制动蹄复位弹簧	复位弹簧无变形，自由长度符合规定，拉力良好
		（7）检查后轮毂、制动鼓及轴承外座圈，检查扭紧半轴螺栓，检查轮胎螺栓，校紧内螺母	（1）轴毂无裂损 （2）轴承外座圈不松动，无损坏 （3）制动鼓无裂纹，内径、圆度误差，左右内径差符合规定，外边缘不得高出工作表面，制动鼓检视孔完整 （4）半轴螺栓齐全有效
		（8）检查半轴	半轴无明显变曲，不磨套管，无裂纹，花键无过量磨损或扭曲变形

(续 表)

序号	维护项目	作业内容	技术要求
		(9) 装复后轮毂,调整制动间隙	(1) 装复支承销、制动蹄片时,承孔均应涂润滑脂,开口销或卡簧齐全可靠 (2) 润滑轴承 (3) 套管轴颈表面应涂机油后再装上轴承 (4) 制动蹄片、制动鼓面应清洁,无油污 (5) 制动蹄片与制动鼓的间隙应符合规定,转动无碰擦现象和声响,检视孔挡板齐全紧固 (6) 轮毂转动灵活,拉力符合规定 (7) 锁紧螺母按规定力矩扭紧
21	转向器、转向传动机构	(1) 检查转向器传动机构的工作状况和密封性,校紧各部螺栓 (2) 检查调整转向盘自由转动量	转向盘自由转动量符合规定,转向轻便、灵活,无卡滞和漏油现象;垂臂及转向节臂无弯曲及裂损,各部分螺栓联结可靠
22	前束	调整	符合规定
23	变速器、差速器	检查密封状况和操纵机构,清洁通气孔	密封良好、通气孔畅通,操纵机构作用正常,无异响、跳动、乱档现象
24	传动轴、传动轴承支架、中间轴承	(1) 检查防尘罩 (2) 检查传动轴万向节工作状况 (3) 检查传动轴承支架 (4) 检查中间轴承间隙	(1) 防尘罩不得有裂纹、损坏,卡箍可靠,支架无松动 (2) 万向节不松旷,无卡滞、无异响 (3) 传动轴承支架无松动 (4) 中间轴承间隙符合规定
25	空气压缩机、贮气筒	清洁,校紧	清洁、联结可靠,无漏气,安全阀工作正常
26	制动阀、制动管路、制动踏板	(1) 检查制动踏板自由行程 (2) 检查紧固制动阀和管路接头 (3) 液压制动检查制动管路内是否有气体	(1) 制动踏板自由行程符合规定 (2) 制动阀和管路接头连接可靠,无漏气 (3) 液压制动管路内无气体
27	驻车制动	检查驻车制动性能,检查驻车制动器自由行程	符合规定、作用正常
28	悬架	检查、紧固,视情补焊、校正	不松动、无裂纹、无断片,按规定扭紧力矩、紧固螺栓
29	轮胎(包括备胎)	检查紧固,补气,进行轮胎换位,磨损严重时更换轮胎	气压符合规定,清洁,无裂损、老化、变形,气门嘴完好,轮胎螺栓紧固,轮胎的装用符合规定
30	发电机、发电机调节器、启动机	清洁、润滑	符合规定

（续　表）

序号	维护项目	作业内容	技术要求
	蓄电池	检查,清洁,补给	清洁、安装牢固,电解液液面符合规定
31	前照灯、仪表、喇叭、刮水器、全车电器线路	检查、调整,必要时修理或更换	（1）前照灯、喇叭、各仪表及信号装置功能齐全、有效,符合规定 （2）刮水器电机运转无异常,连动杆联结可靠 （3）全车线路整齐,联结可靠,绝缘良好
32	车身、车架、安全带	检查、紧固	性能可靠,工作良好,无变形、断裂、脱焊,联结螺栓、铆钉紧固
33	内装饰	检查、紧固	设备完好,无松动
34	空调装置	检查空调系统工作状况、密封状态	（1）制冷系统密封,制冷效果良好 （2）暖气装置工作正常
35	润滑	全车加注润滑脂的部位全部润滑	润滑脂嘴齐全有效,润滑良好

注：技术要求栏中的"符合规定",是指符合实际应用中在有关技术规定或技术要求。

（6）二级维护竣工检验　汽车在维修企业进行二级维护后,必须进行竣工检验,并要求各项目参数符合国家或行业及地方标准。竣工检验合格的车辆,应填写维护竣工进厂合格证后方可出厂。检验不合格的车辆应做进一步的检验、诊断和维护,直到达到维护竣工技术要求为止。

二级维护竣工技术要求,见表4-4。

表4-4　二级维护竣工要求

序号	检测部位	检测项目	技术要求	备注
1	整车	（1）清洁	汽车外部、各总成外部、三滤应清洁	检视
		（2）面漆	车身面漆、腻子无脱落现象,补漆颜色应与原色基本一致	检视
		（3）对称	车体应周正,左右对称	汽车平置检查
		（4）紧固	各总成外部螺栓、螺母按规定力矩扭紧,锁销齐全有效	检查
		（5）润滑	发动机、变速器、转向器、减速器润滑符合规定,各通气孔畅通;各部润滑点润滑脂加注符合要求;润滑脂嘴齐全有效,安装位置正确	检视
		（6）密封及电器	全车无油、水、气泄漏,密封良好,电器装置工作可靠,绝缘良好	检视
		（7）前照灯、信号、仪表、刮水器、后视镜等装置	稳固、齐全有效符合有关规定	检视

(续 表)

序号	检测部位	检测项目	技术要求	备注
2	发动机	(1) 发动机工作状况	发动机能正常启动,低、中、高速运转均匀及稳定、水温正常,加速性能良好,无断裂、回火、放炮等现象,发动机运转稳定后应无异响	路试
		(2) 发动机功率	无负荷功率不小于额定值的80%	检测
		(3) 发动机装置	齐全有效	检视
3	离合器	(1) 踏板自由行程	符合原厂规定	检测
		(2) 离合情况	接合平稳,分离彻底,无打滑、抖动及异响	路试
4	转向系	(1) 转向盘最大转动量	符合规定	检查
		(2) 横直拉杆装置	球头销不松旷,各部螺栓螺母紧固,锁止可靠	检查
		(3) 转向机构	操作轻便、转动灵活,无摆振、跑偏等现象;车轮转到极限位置时,不得与其他部件有碰擦现象	检测
		(4) 前束及最大转向角	符合规定	检测
		(5) 侧滑	符合 GB 7258 中的有关规定	检测
5	传动系	变速器、传动轴、主减速器	变速器操纵灵活,不跳档、不乱档,变速器传动轴、主减速器各部无异响,传动轴装配正确	路试
6	行驶系	(1) 轮胎	轮胎磨损应在规定范围内,同轴轮胎应为相同的规格和花纹,转向轮不得使用翻新轮胎,轮胎气压符合规定,后轮辋孔与制动鼓观察孔对齐	检查
		(2) 钢板弹簧	钢板弹簧无断裂、位移、缺片、U 型螺栓紧固,前后钢板支架无裂纹及变形	检查
		(3) 减振器	稳固有效	路试
		(4) 车架	车架无变形,纵横梁无裂纹,铆钉无松动,拖车钩、备胎架齐全,无裂损变形,连接牢固	检查
		(5) 前后轴	无变形及裂纹	检查
7	制动系	(1) 制动性能	应符合 GB 7258 中的有关规定	路试或检测
		(2) 制动踏板自由行程	符合规定	
		(3) 驻车制动性能	应符合 GB 7258 中的有关规定	路试和检测

(续表)

序号	检测部位	检测项目	技术要求	备注
8	滑行	滑行性能	符合规定	路试或检测
9	车身、车箱	车身	驾驶室装置紧固，门锁链灵活无松旷，限动装置齐全有效，驾驶室门关闭牢靠、无松动，挡风玻璃完好、窗框严密，门把、门锁、玻璃升降器齐全有效；发动机罩锁扣有效，暖风装置工作正常	检查
10	排放	尾气排放测量	符合有关标准的规定	检测

友情提醒

1. 通过书籍、网络，了解中华人民共和国国家标准 GB/T 18344《汽车维护、检测、诊断技术规范》、GB/7258—2004《机动车安全运行技术条件》中对汽车的维护和技术状态的明确要求。
2. 掌握汽车维护的内容和具体维护的项目。

实践活动

1. 与车主和驾驶员交流，形成日常维护、一级维护、二级维护的概念和维护要求。
2. 在实习指导教师的带领下，到二类以上修理厂或4S店参观车辆的日常维护、一级维护、二级维护的工艺流程。
3. 利用网络和书籍查找 EQ1091 和奥迪 A6 生产厂家的维护项目、间隔里程、维护周期、维护要求等。

活动二　维修手册的阅读

活动背景

全面、准确的维修技术资料是现代汽车诊断修理的必备条件，而查资料是判断汽车故障，获取维修方法的重要环节。

汽车技术的发展，推动了汽车维修技术的发展。维修行业对于维修资料的认识也越来越深，汽车维修技术人员已经普遍认识到技术数据的重要作用。但是，使用什么样的技术资料，得到了资料又如何充分利用，始终是困惑技术人员的难题。

现代汽车在修理和维护过程中，牵涉到大量的技术数据和行业标准，各个汽车制造厂家生产的各车型的结构参数也不尽相同。

汽车修理工在维护和修理作业时，不可能维护和修理过所有车辆，更不可能记住所有车型的技术标准和维修要求，如何获得待修车辆的维修资料，便成了困惑维修企业和维修人员的一大难题。

本活动对资料的选择和资料的使用技巧作系统讲解，内容主要包括：国内常见维修资料的种类及各自特点、维修资料的基本查询方式、技术数据的分类查询、通过车辆配置和其他信息找到维修资料。

活动分析

1. 什么样的资料可以称得上是维修资料？
2. 维修资料包含哪些内容？
3. 维修资料的种类有哪些？
4. 如何正确使用维修资料提供的数据？

方法与步骤

一、维修资料的获取方法

1. 什么是维修资料

关于维修资料的概念，似乎没有必要讨论。但是，什么样的资料是有实用价值的资料，能够帮助维修厂解决技术困难、提高生产效率，看起来并不是简单的问题。按照美国对"维修信息"（repair information）的定义，维修资料应该是对具体车型及其所有系统准确、完整的技术数据。

所谓的准确性是指，首先是维修对象的准确性，即这部分维修资料能够参照修理什么车，应该精确到品牌、年款，甚至子车型，必须在明确所修车型后，才能够准确地查询资料；其次是数据的准确性，维修资料中错误的技术数据不仅不能排除故障，而且还可能导致更严重的事故。

所谓的完整性是指，数据应包括对该系统的结构、原理、元件测试、诊断、维修等整套维修环节的详细说明，包括所有的技术参数、图形、表格等必要信息。

由此可见，准确性和完整性是汽车维修资料最基本的条件。

2. 维修资料的种类

目前，国内汽车维修市场维修资料的来源多种多样。按照不同的媒体划分，主要包括下列形式：原厂维修手册和技术资料、正规出版的汽车维修书籍、盗版的维修手册、专业杂志和报纸、维修资料数据库光盘、网上查询的数据库。可以看出，维修资料的种类繁多，维修资料市场很杂乱，令维修从业人员和驾驶员无从选择。其实，每一种形式的维修资料都有其特点和市场定位。

（1）原厂维修手册　是指汽车制造商向其特约维修站提供的技术资料，是针对具体车型或总成编辑的资料。由于制造商直接提供维修数据，可以保证资料的准确性。而且，制造厂还可通过发布增补本或技术公报对技术内容进行更新。

一般来讲，原厂资料只向特约维修站提供，其他修理厂是无法获得并保持同步更新的。所以，综合维修厂很难利用这种资料作为维修的技术依据。另外，非专修厂维修车型非常杂，即使能够获得部分车型原厂资料，也无法将所有维修车型的维修资料收集完整，故不能满足业务需要。

（2）正规出版书籍　在我国，以书籍形式出现的维修资料目前仍占有最大的市场份额，这类维修资料的载体就是书。这些书籍几乎涵盖了国内市场保有的所有车型，覆盖面较广。一般的书籍往往命名为《×××车型维修手册》，由正规出版社出版。根据分析，这类书籍的内容主要来自于以下几种渠道：对原厂维修手册进行改编、英文原版、书籍翻译、市场上各种车型的书籍再编辑等等。

从目前国内汽车维修书籍的内容看，主要以热点车型(车系)的技术资料为主，大部分书籍有一定的系统性。为了增加销售量，此类资料普遍没有对车型进行详细的描述。例如，没有区分年代、款式，只是标明《Audi A6L 维修手册》，至于是哪一年哪一款一般不做交待。现场维修时，技术人员不能判断这本书是否能够修理遇到的故障车。由于编者对相关资料进行了再编辑，但没有针对车型校对，这些资料的准确性就不能保证。由于图书受版面(页数)限制，维修书籍不能将所有维修数据全部编入，若要查询诊断信息及技术参数等信息，还要参考更详细的资料。

因此，维修书籍比较适合车辆维护和简单修理。对于正规的维修厂、经常处理复杂故障和大修作业的企业，书籍只能作为参考。当然，廉价的维修书籍也是技术人员自学的良好材料。

(3) 盗版维修资料　在非正规发行渠道上，经常可以看到某些车型的盗版维修资料。这类资料的来源很复杂，有的是直接翻印原厂手册，有的对原厂手册进行了剪裁、编辑或改版，更有不法书商对其他维修资料进行盗版。形形色色的盗版资料基本有如下特点：

① 非法出版。没有标明编写者和其他版权信息，没有真实的联系方式。

② 粗制滥造。由于对其他资料进行改编和盗印，书籍中的排版方式和内容都进行了调整，导致出现大量错误，印刷质量也非常差，图形模糊不清、文字段落残缺不全。

③ 没有准确的车型和系统描述。这类手册在盗版过程中，忽视了原版技术数据的维修内容描述，用户不知道用这本书能修哪些车或什么系统。

由于盗版资料没有编辑创作费用，成本极低，售价也比正版产品低很多，这种资料的销售对象往往是经济实力较弱的小型修理厂。

使用盗版技术资料的后果是十分可怕的。由于在制作过程中有意无意地产生了大量的错误，可能直接对汽车的诊断维修产生错误导向，甚至可能会造成严重的生产事故，给企业和车主造成巨大的损失。近年来，这样的案例频频发生，屡见不鲜。

(4) 专业报纸杂志类　据统计，大部分维修厂都订阅一种以上的汽车专业报纸或杂志，技术人员从中收集有关的技术文章和相关专题讲座作为技术资料。

报纸和杂志是很好的技术交流媒体，具有更新快、发行渠道广泛、价格低廉等优势，深受技术人员推崇。在这类媒体上，主要刊载的内容是技术动态、维修技巧和技术专题(通用性知识，不针对车型)，由于篇幅限制，版面一般都很小，图形也较少。

严格意义上讲，报纸和杂志不应该是维修资料的载体。所谓维修资料，应该是有针对性的(车型和系统)、全面、准确、系统的技术信息，是从系统结构到诊断维修的综合说明。所以，报纸和杂志所刊载的文章得不到维修所需的各种车型、各个系统的完整资料，这些文章只是技术案例和常规技术普及的参考文献。

(5) 汽车维修数据库　随着车型的增多，维修厂已经不可能收集所有车型的维修资料。一方面，车辆技术含量越来越高，维修资料的内容也越来越多，如仅凌志 LS430 一个车型的维修手册就多达 5 册共两万多页；另一方面，随着经济的发展，车型也越来越多，最新数据显示：全世界保有的车型共计 5 000 多种，而美国米切尔(Mitchell)公司全部书籍的单册(与其数据库等量)就需占用 400 多平方米的图书馆，这种条件是任何一个维修企业都不可能达到的。因此，电子化的维修资料将成为汽车维修行业技术发展的必然结果。

维修数据库具有资料容量大，数据齐全、准确等优点，是专业的印刷形式维修资料的电子产品。数据库内容包括车辆每个系统全部的结构、诊断检测和维修数据,而且精确地将资料定位到车辆的年款,基本达到了原厂手册的详细程度。由于资料用计算机存储,数据更新十分容易。目前,越来越多的原厂手册已经开始向电子化方向发展。

计算机技术的应用,已彻底改变了维修资料收集、存储和查询的方式。专业的汽车信息提供商将所有车型的整套维修资料以数据库形式存储,用户只要通过简单操作电脑就可以查询到各种车型的资料,并能够实现打印、搜索等功能。近年来,在国际范围内,基于计算机的维修信息逐渐占据了主导地位。从 2000 年开始,维修资料的查询已经从光盘(CD、DVD)转移到互联网资料库的形式。在美国,米切尔公司和 Alldata 公司先后推出网络化的维修信息系统,而米切尔公司更以 On-Demand 5 完全取代了光盘版本的旧产品。与光盘存储形式相比,网络化的资料具有更新快、成本低、使用方便、服务质量高的特点。

在我国,将盗版汽车维修资料(主要是米切尔资料)放到互联网上查询,在三四年前就出现了,但由于盗版者技术水平低(资料杂乱,图形模糊,无法打印)、服务差等原因,始终没有得到大面积的推广。2001 年,中国车检中心下属公司——中车行高新技术有限公司(简称中车行)突破技术难关,建成了真正基于互联网的维修资料查询系统——中车在线(www.713.com.cn),同时推出一整套技术服务体系,使全国汽车技术人员能够与美国同步使用世界上最权威、最全面的技术资料。由于采用网络服务,中车在线的技术资料不仅包括米切尔所有英文维修资料(包括车辆维修和自动变速器大修),还提供了主要国产和进口车型的全中文维修资料。目前,米切尔的配件数据库也实现了网上查询。

二、汽车各系统的维修周期

汽车各系统维修周期,见表 4-5。

表 4-5 汽车各系统维修周期

部件及部件名称	更换周期	说　　明
发动机部分		
正时皮带(胶带)	5 万~6 万公里	
传动三角皮带	4 万公里	
机油及滤清器	5 千~1 万公里	
防冻液	2 年	
火花塞	2 万公里	
汽油滤清器	8 万公里	
空气滤清器滤芯	4 万公里	
分电器触点	4 万公里	清洁、检查,必要时更换
化油器	8 万公里	解体清洗调整,必要时更换包件

(续表)

部件及部件名称	更换周期	说明
汽油软管	8万公里	冲洗、放出沉淀物
汽油箱	16万公里	冲洗、放出沉淀物
底盘及车身部分		
鼓式制动片	每1万公里检查	使用厚度极限1 mm
盘式制动片	每1万公里检查	使用厚度极限1 mm
制动鼓	磨损极限2 mm	
制动盘	磨损极限2 mm	
制动总分泵橡胶件及防尘套	8万公里或3年	
制动系软管	8万公里或3年	
制动液	8万公里或2年	
离合器助力系统橡胶件及防尘套	8万公里或3年	
离合器助力系统油液	8万公里或3年	
动力转向油液	8万公里或2年	TI 或同等品
自动变速箱油	4万公里	TII 或同等品
手动变速箱油	6万公里或3年	APIGL4 或 GL-5
差速器油	6万公里或3年	APIGL4 或 GL-5 新车需在第一次换油时更换
轮胎	花纹深度不小于1 mm	
上下控制臂球头节及防尘套	8万公里检查	必要时更换
转向杆球头节及防尘套	8万公里检查	必要时更换
离合器摩擦片	8万公里检查	换铆钉深度不小于0.3 mm
电器及其他附件		
蓄电池	每周检查补充电瓶液	液面高出极板10~15 mm 通气孔畅通
启动机	8万公里解体检查	更换损坏部件
发电机	8万公里解体检查	更换损坏部件
空调机干燥罐	8万公里或3年	

三、怎样快速查阅维修标准数据

在铺天盖地的维修资料中查阅所需资料，已经成为维修技术人员一项复杂而艰巨的任务了。如何快速查询资料并获取技术支持，已是现代汽车维修技术人员面临的新课题。

电子化的维修资料数据库是资料查询的一场革命。通过计算机操作，维修技术人员可以在最短的时间内找到相关的技术资料，并根据需要打印出来，拿到现场指导维修工作。可是，由于维修数据库的信息量太大，很多技术人员在刚刚使用的时候会感到很茫然，找不到便捷的方式来查询所需的资料。

实际上，一套优秀的电子化的维修数据库（如米切尔、中车在线等），其查询方式是严格统一的。所以，一旦理解了该系统资料的编排形式，就会很快地掌握所有车型的查询方法。本活动以国际上普遍采用的资料分类方式为例，讲解常用维修资料的查询方法，使维修技术人员能够在尽可能短的时间内，快速、准确地定位资料，解决汽车修理中的疑难问题。中车在线中文资料的系统分类如下：

（1）附件和电气　包括汽车电子电气系统的全部数据，如安全气囊、巡航系统、车身控制、仪表板、电动座椅和后视镜等车身附件系统，具体内容与车辆的设备配置有关。

电气系统主要指供电和启动系统，即发电机和启动机。

（2）动力传动系　包括离合器、传动轴和驱动桥等部件，调整、拆装（图形）、技术参数、扭矩规范、诊断维修等都有详细描述。

（3）转向与悬架　包括转向与悬架系统的全部维修数据，如工作原理、诊断测试、拆装步骤、电路图及技术参数等内容。值得注意的是，标题名称为"车轮定位规范与程序"中的四轮定位参数，内容包括车辆的举升方式、车轮定位调整方法及定位参数、拧紧力矩规范等全套车轮定位资料。

（4）维护保养　包括车辆的定期保养里程、保养和检查项目、各种油液的规格与用量，当前国内维修行业的热点问题、保养灯归零的资料也在这部分。

（5）电路图　包括车辆所有系统的电路图。与原厂手册不同的是，米切尔电路图都是按照统一格式重新绘制的，所有车型、所有系统的电路图都风格一致，便于识读。米切尔电路图中有重要元件的位置说明，改善了原厂资料中电路与元件位置分别描述的传统形式。为便于维修技术人员使用，此部分还有如何使用电路图的帮助文档，使初次接触米切尔维修数据库的技术人员更容易使用电路图。

（6）空调暖风系统　包括暖风系统的结构原理与诊断测试，手动、自动空调的压缩机拆装维护，制冷剂添加规范等内容。当然，相关的系统电路图也能够在这部分找到。

（7）制动系　包括制动传动机构和ABS制动系统的全部维修数据。从制动系统的结构原理，到故障诊断维修、检测调整，所有关于制动系统的技术资料都可以在这部分找到。关于ABS的文章中有系统电路图、控制原理、诊断测试等内容，各种技术参数和规范也编排在这部分。

（8）电气元件位置　是全车电气元件位置的综合描述，包括相关位置的文字和图形描述。配合中车在线米切尔电路图，电气和控制系统的维修变得更加方便快捷。

（9）发动机机械　包括发动机机械系统调整、诊断、大修及检测的全部技术数据与规范。国内技术人员最关心的正时标记问题也在这部分。

（10）发动机性能　是国际上汽车专业领域通行的名称，在国内还是个比较新的概念。实际上，发动机性能主要指与发动机工作性能相关的所有内容，包括电子控制系统、排放、自诊断（即带故障码的诊断）、无故障码的诊断、传感器工作范围表（标准测试值）、发动机真空管路图等。

值得注意的是,目前国内大部分技术人员没有足够重视无故障码的诊断的内容,而更多的疑难杂症往往可以在这里找到答案,如发动机怠速不稳、喘振、启动困难以及偶发性故障排除等问题。

(11) 变速器维修　包括手动和自动变速器两种,中车在线中的维修数据库将变速器大修资料与车辆维修完全融合在一起。变速器修理的资料包括维护保养、拆卸安装(阀体、元件等)零部件分解图,电子故障诊断与测试(电控系统),所有档位的彩色油路图等。

汽车维修数据库的内容十分丰富,技术人员在使用时要注意查询技巧,不应盲目查阅。特定的系统和故障现象在数据库中的位置应该是相当固定的,如果找不到有效的信息,应注意联系上下文,看看是否有相关的说明。车型间总成交叉使用的情况,也可以帮助我们利用车型间数据的差异找到有关联的资料。实践证明,国内维修行业的专家往往会利用系统的相似(通用)性,找到所需的资料或必要的参考资料。此外,维修技术人员应充分利用专业的维修技术服务机构(如中车在线、欧亚笛威等),通过与技术专家沟通,依据准确、详细的维修资料,找到排除故障的解决办法。

1. 充分利用图书馆的汽车书籍。
2. 合理运用阅览室的各类汽车资料杂志。
3. 运用米切尔数据库光盘或中车在线(www.713.com.cn)注册会员资格,快速获取维修资料。
4. 合理运用教材或正式出版物上的维修资料。
5. 有条件的学校和学生个人尝试建立学校或个人的汽车维修资料库,以便于教学和学生将来个人工作中的资料获取。

1. 练习查找各类汽车维修资料。在查找过程中,充分利用图书馆、阅览室、电教室等多种资源,并记录自己查获的资料。
2. 在指导教师的统一安排下,查找某一车型的全部维修资料、某一车型的某个总成维修资料、某车型的维护要求、使用说明和驾驶维护注意事项。
3. 学会利用网络资源,快速查找指导教师安排的某车型的维修资料。

活动三　汽车的初驶保养

汽车在刚投入使用时的保养,就如同运动员在参赛前的热身运动,目的是使机体各部件机能适应环境的能力得以调整提升。汽车初驶保养的优劣,会对汽车寿命、安全性和经济性产生重要影响。

活动分析

汽车的初驶保养是指新车或进行大修后的车辆,刚投入到运输作业中所进行的必要的维护和保养。初驶保养主要包括驾驶操作、合理运载和维护保养3方面的具体要求。

国产车一般都有初驶保养的规定,而进口车许多厂家没有规定初驶保养。但我们在驾车进行初驶时,都要定期进行初驶保养,其保养项目驾驶员可自行完成,或到专业修理厂进行。刚从大修厂接回的车和刚买的新车保养项目大致相同,可根据情况适当取舍。

方法与步骤

一、汽车初驶保养项目

初驶保养项目分3种。

1. 初驶前的检查

（1）检查各部位的螺钉、锁销。

（2）检查各工作液的数量、质量,检查机油、齿轮油数量,并根据情况添补。

（3）检查轮胎气压和蓄电池电解液液面高度,必要时进行充气和添加蒸馏水。

（4）检查手、脚制动系统。

（5）检查灯光、信号、转向机、横直拉杆的技术状况。

（6）检查传动带的松紧度。

2. 初驶过程中的保养

初驶500 km左右,应进行下列保养：

（1）清洗润滑系附件、更换机油。

（2）润滑全车各润滑点,重点是传动系、转向系要认真加注润滑脂。

（3）检查制动系统的效能和各管路的连接,必要时紧定。

（4）检查汽缸盖螺栓、进排气管及消声器螺丝。

（5）检查气门脚间隙。

（6）检查调整各个传动带的松紧度。

3. 初驶后的保养

车辆行驶1 000 km后,应进行初驶后保养,项目如下：

（1）更换发动机机油,清洗各滤清器。

（2）拆下发动机限速片。

（3）检查转向、制动、传动各部螺栓紧固锁止情况。

（4）更换后桥、变速器的齿轮油。

（5）放出燃油箱中的沉淀物,清洗汽油滤清器、清洁空气滤清器。

（6）对全车各润滑点加注润滑脂(打黄油)。

二、汽车初驶保养注意事项及要求

汽车初驶使用中需严格执行驾驶规程,一是要避免节气门全开;二是要保持发动机的正常工作温度。切不可在此时演练车技,并狂奔猛跑。车速应控制在规定范围以内,新车及大修后的汽车化油器都装有限速器,不得随意拆除；承载率应低于90%,并选择平坦道路行驶。

（1）新车初驶期内车速应限制　行驶速度过高，会增加发动机和底盘的负荷，使没有进入正常运行的磨合表面的负荷增大，产生热量多，润滑条件变坏，磨损加剧。一般，进口汽车发动机都不加限速装置，使用规定中只提出在 1 000 km 内避免油门全开。在使用中应注意观察发动机转速表和车速表，使发动机和汽车都在中等速度下工作。例如，丰田小型汽车规定在 1 000 km 初驶期内，最高时速应低于 90 km/h。

（2）减轻载荷　进口汽车的动力性较好，很容易造成使用中超载现象。在汽车初驶期内，必须严格按规定装载，否则不利于新车的磨合。使用中，新车最好将乘载率控制在 90% 以内。

（3）避免紧急制动　大部分进口汽车使用说明书上都提出，在新车 300 km 初驶期内应避免紧急制动。紧急制动不但使磨合中的制动系统受到冲击，而且加大了底盘和发动机的冲击负荷。所以，在新车初驶期内要及时处理情况，缓慢停车。需要紧急制动时，最好先分离离合器以减少对发动机的冲击。

（4）合理选择变速器档位　新车起步时应使用最低档，以减轻发动机负荷。行驶中应及时换档，不能使用高速档低速行驶或低速档高速行驶，也不要长时间使用某个档位。

（5）合理选择油料　新车使用的机油不能低于厂家规定标号，近期进口的汽油发动机汽车，应选用 SE 级以上的润滑机油，柴油发动机汽车应选用 CD 级以上的润滑机油，齿轮油不应低于 GL-4 级，初驶期后应及时更换。初驶期内不能使用低辛烷值汽油，以免产生爆燃，在高辛烷值汽油供应困难而用低辛烷值汽油代替时，应推迟点火角度，并注意及时换档和避免急加速。

（6）正确驾驶　初驶期内的进口汽车应严格遵守操作规程，应做到预热后起步；驾驶中，注意选择路面，中速行驶。同时，还应经常注意发动机、变速器、驱动桥的工作情况和工作温度。

多数进口汽车没有提出初驶期中和初驶期后的保养项目，初驶期后可根据情况对车辆作一次检查。

三、汽车的售前检查与维护

当汽车进入各类 4S 店或是销售点后，可能会因市场因素造成汽车投入使用的周期或长或短。驾驶新买的车辆时，有可能这台车辆的停放时间过长从而影响了汽车的使用性能，给车主带来不便。因此，大多数现代汽车生产厂家根据实际情况相应制定了汽车销售前的检查和维护规定。本活动将以奥迪 A4 售前检查(PDI)为例，说明汽车的售前检查与维护。

1. 奥迪 A4 售前检查(PDI)项目

(1) 检查蓄电池静态电压(空载电压)。
(2) 检查蓄电池电缆紧固情况。
(3) 检查蓄电池负载电压。
(4) 目视检查发动机及发动机舱是否存在渗、漏及损坏。
(5) 检查冷却液液位。
(6) 检查风窗/大灯清洗液液位，售前检查：清洗液罐内应装满清洗液。
(7) 检查发动机机油油位。
(8) 检查制动液液位。
(9) 检查转向助力系统液压油油位。
(10) 拆除前/后悬挂运输锁块。

(11) 目视检查车辆下部是否存在渗、漏及损坏。

(12) 检查轮胎(包括备胎)充气压力,厂家提供的商品车轮胎胎压应为 3.5 bar。

(13) 检查车轮螺栓紧固力矩。

(14) 安装保险丝:15 号(10A)、38 号(15A)、39 号(20A)。

(15) 检查所有开关、电器设备、显示器、驾驶员操作控制系统功能。

(16) 检查电动车窗升降器单触功能。

(17) 调整数字式时钟。

(18) 检查空调系统功能(将温度设置为 22℃)。

(19) 激活收音机/导航系统功能(输入防盗码)。

(20) 设置组合仪表语言显示。

(21) 保养周期复位。

(22) 前排乘员侧安全气囊开关处于开启(ON)位置(有该开关时)。

(23) 检查所有控制单元故障记忆。

(24) 检查风窗清洗喷嘴喷射角度及位置(必要时调整)。

(25) 拆除座椅保护套及地毯塑料保护膜。

(26) 检查车辆内部是否清洁,包括前/后座椅、内部装饰件、地毯/脚垫、车窗等。

(27) 安装车轮罩盖/装饰帽、车顶天线、电话天线等(这些零件存放在行李箱内)。

(28) 拆除车门保护块。

(29) 检查车辆外部是否清洁,包括油漆、装饰件、车窗、雨刮片等。

(30) 检查钥匙标牌上的钥匙号/认证号胶贴是否完整、清晰。

(31) 在保养胶贴上填写下次保养日期(及更换制动液日期),将该胶贴粘贴在仪表板左侧或车门 B 柱上。

(32) 在保养手册中填写交车检查的有关内容。

(33) 检查随车文件是否完整、齐全。

(34) 试车。

2. 奥迪 A4 售前试车检查项目

试车时,必须检测以下内容:

(1) 发动机:输出功率、点火连续性、怠速性能、加速性能等。

(2) 离合器:起步性能、踏板力、有无异味。

(3) 换档:换档是否轻便、变速杆位置。

(4) 自动变速箱:变速杆位置、换档锁止/点火钥匙锁止、换档特性、组合仪表上的显示。

(5) 制动踏板及手制动:功能、自由行程,制动时是否跑偏、磨损、噪音等。

(6) ABS 功能:当 ABS 起作用时,制动踏板应能感到有规律的跳动。

(7) 转向系统:功能、转向间隙、方向盘处于中间位置时,车辆是否直线行驶。

(8) 太阳能天窗:功能。

(9) 巡航控制系统:功能。

(10) 收音机:接收、外观、干扰情况。

(11) 驾驶员信息系统(FIS):功能。

(12) 空调系统：功能。

(13) 整车：在水平路面直线行驶时是否跑偏。

(14) 平衡性：车轮、传动轴。

(15) 车轮轴承：噪音。

(16) 发动机：热启动性能。

班级分成若干小组，采访驾驶员，作相应记录，并在任课教师的带领下，对采访进行总结。

设置采访问题如下：

1. 请问师傅知道汽车初驶保养的概念吗？
2. 如何使用油料？汽油的标号越高越好吗？
3. 磨合期间的保养磨合结束检查保养后才能进入正常使用期，保养内容包括哪些？

走访某一品牌的汽车 4S 店，详细了解该品牌汽车的售前养护的内容。

活动四　汽车出车前、出车后及行驶中的维护

汽车的寿命、动力性、经济性、安全性与平顺性等与汽车使用过程中的维护息息相关。相同的车辆不同的驾驶员驾驶，汽车的性能不一样。同一辆车在使用中维护得好坏，也决定了这辆车的综合性能。由此可见，在日常驾驶过程中对汽车的维护不但影响了汽车的各项性能，也关系到汽车的行驶安全和使用寿命。

为保障车辆安全、可靠地运行，要使车辆经常处于良好的技术状况，符合机动车安全运行技术标准，除应对车辆进行定期的检修保养外，还应结合进行预防性的日常检查维护。由驾驶员在出车前、行驶途中、收车后 3 个阶段进行，重点是清洁、检查和补给燃、润料。车辆准备长途行驶或首次接任该车驾驶时，尤为需要进行出车前的检查工作，掌握车辆技术状况和熟悉车辆各操纵装置。

1. 出车前如何维护汽车？
2. 途中应做哪些检查？

一、出车前的维护内容

出车前检查汽车的习惯，是保护人、车安全的必要之举，好处甚多。因此，应坚持进行出车前的维护工作。

（1）检查轮胎的技术状况　轮胎是汽车行驶的重要部件，轮胎技术状态的好坏直接影响着汽车行驶的安全和性能。

图 4-2 检查轮胎气压

轮胎气压影响着汽车的使用性能和轮胎的寿命，因此，每次出车前都应检查轮胎气压，必要时需补气和调整。每月至少用轮胎气压表检查一次轮胎气压，如图 4-2 所示。高速行车时，轮胎气压的检查尤为重要。

检查轮胎气压的测量和调节工作，应在轮胎处于低温状态下进行。轮胎气压应符合车辆生产厂家规定要求。

在检查轮胎气压的同时，还应仔细检查轮胎的磨损情况，是否有割伤或异常情况，如果出现异常磨损或割伤，应及时查明原因。轮胎如果出现磨损不均匀，除轮胎气压不正常的缘故外，前轮定位失调也是主要原因之一。

检查轮胎侧面有无划伤，胎冠面有无裂纹。如有异常，应修补或更换。检查轮胎花纹的深度，当行驶在一般道路上的汽车，花纹深度小于 1.6 mm 时，或者行驶在高速公路上的车辆，花纹深度小于 2.4 mm 时，均应更换该轮胎。

为保证轮胎使用的安全性，在小型车的轮胎胎冠和侧面均设有胎面磨耗标记。当磨损量超过正常限度时，它就会显露出来。这个标记是横贯胎面上宽约 12 mm 左右的凸起，发现磨损至这个标记时，应及时更换轮胎。

如果发现轮胎异常磨损，应检查转向机构的技术状况，轮胎的异常磨损一般都是由转向系统故障造成的。

清除轮胎花纹内和轮胎之间的金属片、石块等夹物。

轮胎每行驶 10 000 km 应进行轮胎换位，以保证轮胎的均匀磨损。

（2）检查、紧固车轮螺栓　在检查轮胎气压的同时，应按标准扭矩校正车轮螺栓。

（3）检查整车外观、油漆和腐蚀情况　如果发现有小的擦伤或锈斑应尽快修补，以免锈蚀扩大。

（4）检查整车各种液体的泄漏情况　观察汽车停放位置有无油污泄漏情况，如果发现车下有燃油、润滑油、水或其他液体时，应尽快找到泄漏的具体位置，排除泄漏故障。

观察车下泄漏液体的位置和颜色，可以判断出泄漏的总成。例如，观察发动机部位下部液体的颜色，则：

红色液体一般是从液力助力转向机和自动变速器泄漏出来的；

淡绿色液体或无色液体可判定为是防冻液；

蛋黄色液体多为制动液和离合器操纵机构的液体；

棕色或黑色液体多为发动机泄漏的机油；

清洁的水滴一般是热天使用空调制冷所至，微量滴水属正常现象。

（5）检查风挡玻璃刮水片　刮水片容易老化，产生裂纹，影响刮水质量和行车安全。当发现刮水片磨损或老化损坏时，应及时更换刮水片。

（6）检查车门和发动机罩技术状况　检查所有车门，包括后备箱盖，应关闭自如，锁扣应作用良好。发动机罩为保险起见,一般设有双扣锁,当第一道锁扣释放后,第二道锁应仍能扣住发动机罩。

(7) 检查风挡玻璃和倒车镜　检查驾驶室内外各后视镜面是否完好有效,并擦拭干净;擦拭驾驶室各风挡玻璃;检查门锁与玻璃升降器摇手柄是否齐全有效。如果上述零件有缺损,应予以修复或更换。

(8) 检查方向盘、离合器、制动踏板自由行程和驻车制动器　离合器踏板与制动踏板自由行程应符合正常规定值,注意方向盘自由转动量不得超过 30°。

(9) 检查发动机　启动发动机后,检查发动机有无异响和异常气味,察看仪表工作是否正常。

(10) 检查车厢栏板及后门栏板是否牢固、可靠　货物的装载必须捆扎牢固、平稳安全。对拖带挂车的汽车,还应检查连接装置有无裂损、松旷、变形等现象,各种辅助设施是否符合规定,以保证牵引装置安全可靠。

二、行驶途中的检查与维护

(1) 车辆起步后,应缓慢行驶一段距离,其间应检查离合器、转向、制动等各部分的工作性能。

(2) 在行驶中,应经常注意察看车上各种仪表,擦拭各种驾驶机件,察听发动机及底盘声音。如发觉操纵困难、车身跳动或颤抖、机件有异响或焦臭味,应即停车检查并进行必要的调整和修理。

(3) 车辆行驶涉水路段后,应注意检查行车制动器的制动效能。

(4) 行驶中发动机动力突然下降,应检查是否冷却液或机油量不足导致发动机过热(注意水温高时不准打开水箱盖以防烫伤)。

(5) 行驶中方向盘的操纵忽然变得沉重并偏向一侧,应检查是否因其中一边轮胎泄气所致。

(6) 检查轮胎的外表和气压及温度,清除胎间和胎纹中的杂物。

(7) 检查冷却液和机油量有无漏水、漏油,气压制动有无漏气现象。

(8) 检查车轮制动器有无拖滞、发咬或发热现象,驻车制动器作用是否可靠。

(9) 检查轮毂、制动毂(盘)、变速器、分动器和驱动桥温度有无异常。

(10) 检查转向、制动装置和传动轴、轮胎、钢板弹簧各联结部位是否牢固可靠。

(11) 检查装载和拖挂装置是否安全可靠。

上述(6)～(11)项可在途中停车或装卸货物期间进行。

三、收车后的检查与维护

(1) 停车后,应将手制动杆拉紧,并把变速杆挂入一档或倒档,自动变速器的汽车应挂入停车档,以防止汽车自动滑移,发生危险。

(2) 熄火前,观察电流表、机油表、水温表、气压表的工作是否正常。

(3) 检查有无漏油、漏水、漏气现象,视需要补充燃油、润滑油和冷却水。

(4) 检查轮胎气压,清除胎间及表面的杂物。

（5）检查油水分离器中是否有积水和污物，注意清除干净。

（6）对于气压制动装置的车辆，应将贮气筒内的空气放净，并关好放气开关；对于液压制动的车辆，应检查总泵制动液和液面高度。

（7）检查风扇皮带和空压机皮带的松紧度以及完好情况，必要时应调整。

（8）检查轮胎螺母和半轴螺母是否松动，并查看检查钢板弹簧总成是否有折断，骑马螺栓（U型螺栓）是否松动。

（9）每日停驶后，转动机油粗滤器手柄2～3圈，视情况放出沉淀物；放出储气筒中的积水，关好开关。

（10）在冬季当气温低于或接近0℃时，若车库内无保温设施，汽车冷却系也未加防冻液，那么每日用车后应将散热器和汽缸水套的放水开关打开，放尽存水，并短时间发动，排尽余水，然后关好放水开关。

（11）检查、整理随车的工具、附件，并切断电源。

（12）打扫车厢和驾驶室，清洗底盘，擦拭发动机、各部附件和清洁整车外表，同时察看各部分有无破损。

（13）及时排除已发现的故障，为下次出车作好准备。

实践活动

在实验教师的带领下完成以下实习或操作：
1. 轮胎气压的检查。
2. 轮胎螺栓的拧紧力矩检查。
3. 汽车外观的检查。
4. 汽车渗漏的检查。

活动五　汽车的常规保养与汽车暂停或封存时的养护

活动背景

汽车的常规保养，是为维持汽车技术状况或工作能力而进行的系列工作。汽车的常规保养属于预防保养，现代汽车制造厂商在车辆使用说明书中都对自己生产的车辆的常规保养有明确的要求，其中包括保养的周期、里程、作业的内容等。

在汽车使用过程中，因生产或生活需要，可能会造成暂时不使用或在一定时期内不投入使用的情况，那么是不是不使用汽车时就不需要对汽车进行维护了呢？答案是否定的。在汽车不开或开的里程短时同样要做保养，如果长期得不到维护，不但会造成汽车再次投入使用时不能正常工作，还可能会造成汽车的非常规磨损。

活动分析

1. 汽车有哪些常规保养项目？
2. 汽车暂停使用时有哪些保养项目？
3. 长期封存的汽车应做哪些保养？

方法与步骤

一、汽车的常规保养

（1）车辆每行驶 5 000～7 500 km 后：

① 更换发动机机油、机油滤清器、清理空气滤清器。
② 检查蓄电池状况及喇叭灯光系统。
③ 检查防冻液的液面高度及冰点，清理散热器表面。
④ 检查制动系统有无漏油，摩擦片是否在规定厚度之内。
⑤ 检查发动机皮带磨损情况，必要时调整皮带涨紧度。
⑥ 检查变速器、传动轴、万向节护套有无渗油及损坏。

（2）车辆每行驶 10 000～15 000 km 或行驶时间超过一年：

① 更换燃油滤清器、空气滤清器。
② 检查离合器行程，转向下支臂球头间隙、固定程度和防尘罩。
③ 检查轮胎花纹深度、轮胎气压、轮胎磨损情况，必要时做四轮定位。
④ 检查节气门、怠速阀是否过脏，必要时清洗。
⑤ 检查火花塞状况，必要时更换，免拆清洗喷油嘴。
⑥ 检查转向助力、制动系统和自动变速器的状况。
⑦ 检测制动力、变速、转向是否正常。
⑧ 全车相关部位润滑。

实例： 奥迪 A6L 常规保养

每 15 000 km 或 12 个月应做如下项目：

（1）更换发动机机油及机油滤清器：拆下机油滤清器，必要时使用专用工具；将机油排净；用机油轻轻涂抹接触面；安装新的机油滤清器，并拧紧（拧紧力矩 30 Nm）；安装带有新密封环的放油螺栓；按规定量添加机油。

（2）发动机及发动机舱：目视检查是否存在渗、漏及损坏（从上方及下方）。

（3）制动系统：目视检查是否存在渗、漏及损坏；检查制动总泵、制动助力器、ABS 液压单元、制动钳是否存在渗、漏及损坏；确保制动软管未被扭曲；确保转向极限位置时，制动软管不与车身任何部件接触；检查制动软管疏松度、砂眼及脆性；检查制动软管及制动钳磨损情况；检查制动管路及各部件安装位置是否正确，有无渗、漏及腐蚀。

（4）检查制动摩擦衬片厚度：
① 前制动摩擦衬片：借助手电筒及镜子检查内/外摩擦衬片厚度，必要时更换；

② 后制动摩擦衬片：借助手电筒及镜子检查内/外摩擦衬片厚度，必要时更换。 注意：摩擦衬片厚度（包括背板，如图中 a 所示，）磨损极限为 7 mm，达到此极限时必须进行更换。	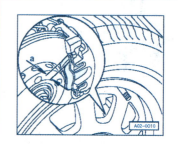
（5）检查制动液液位：检查制动液液位时，必须将摩擦衬片磨损情况考虑在内；如果使用新的摩擦衬片或摩擦衬片厚度远远超过磨损极限，制动液液位将界于下限（MIN）与上限（MAX）之间；当摩擦衬片接近磨损极限时，如果制动液液位稍高于下限（MIN），则没有必要添加制动液。 注意：若发现制动液液位低于下限（MIN），则在添加制动液前必须检查制动系统。	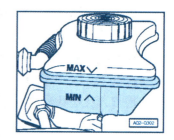

（6）检查照灯功能：

① 前部灯光功能：近光灯、远光灯、雾灯、转向信号灯、警报灯；

② 后部灯光功能：制动灯、尾灯、倒车灯、后雾灯、牌照灯、转向信号灯、警报灯、行李箱灯；

③ 内部照明灯、杂物箱灯、警报/转向指示灯、蜂鸣器功能。

（7）风窗刮水/清洗系统、大灯清洗系统：检查清洗喷嘴喷水位置（添加清洗液）；检查雨刮片的停止位置及雨刮片是否损坏。

（8）自诊断：查询所有控制单元故障记忆。

（9）检查车门锁及儿童锁功能。

（10）润滑车门限位器及发动机舱盖锁扣。

（11）蓄电池：检查魔眼显示，如有必要及可能添加蒸馏水；蓄电池安装在发动机舱与挡风玻璃之间的压力舱内；向箭头 1 方向推蓄电池盖板再向上（箭头 2 方向）拆下蓄电池盖板。从箭头所指魔眼处进行观察：

① 绿色：蓄电池电量充足；

② 黑色：蓄电池无电或亏电；

③ 无色或黄色：电解液在临界位置。

注意：当蓄电池使用超过5年或魔眼颜色消失时，需要更换蓄电池；使用蓄电池电解液时，必须遵守有关安全规定，穿上防护服，只可用手电筒照明，附近不可使用明火，不可吸烟；处置废弃的蓄电池，必须遵守有关蓄电池及硫酸的安全规定。

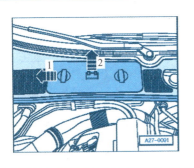 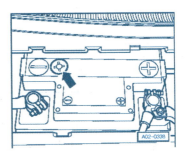

（12）冷却系统：检查冷却液液位及防冻能力，如有必要添加；冷却液液位必须位于下限（MIN）与上限（MAX）之间，若冷却液液位过低，则添加适量的冷却液。

用专用工具 T10007 检查冷却液防冻能力。

（13）目视检查变速箱、主传动器、转向系统及护套是否存在渗、漏或损坏。

（14）排放系统：目视检查是否存在泄漏及损坏、检查各部件紧固情况。

（15）检查横拉杆间隙、连接及护套：用举升机将车辆升起；检查由于转向横拉杆与车轮运动而产生的间隙（规定不可有间隙）；检查锁止螺母1是否紧固（规定力矩40 Nm）；检查护套是否损坏及是否正确安装。

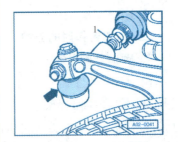

（16）检查包括备胎在内的所有轮胎的状况及花纹磨损情况；将包括备胎在内的所有轮胎充气至标准气压；考虑到行驶安全性，在同一辆车上应当使用相同型号及花纹的轮胎；四轮驱动车辆必须使用相同型号及花纹的轮胎，否则可能造成中间差速器的损坏。

（续　表）

注意：轮胎胎面产生毛边说明车轮前束有误；轮胎单侧磨损主要是由于前束不当而造成的；发现以上问题应当检查车轮定位来查找原因；检查轮胎花纹深度，轮胎花纹深度最小允许值1.6 mm；当轮胎花纹磨损达到或接近极限位置时，必须更换。

（17）保养周期复位：在保养胶贴上填写下次保养日期（及更换制动液日期），将该胶贴粘贴在仪表板左侧或车门B柱上。

（18）试车：发现问题及时解决。

（3）每30 000 km或24个月，除上述内容外需增加以下项目：
① 太阳能天窗：检查功能，清洁滑道并润滑。
② 更换花粉/粉尘滤清器。
③ 手动变速箱/主传动器：检查机油油位，如有必要添加。
④ 车底护板：目视检查是否损坏（底护板、车轮罩、横拉杆、后桥等）。
⑤ 检查照射角度，如有必要调整。

（4）每60 000 km（之后每24个月），除上述内容外需增加以下项目：
① 转向助力系统：检查渗、漏，液压油油位，必要时添加。
② 空气滤清器：清洁滤清器室，并更换空气滤芯。
③ 更换火花塞。
④ 自动变速箱主传动器：检查机油油位，必要时添加。

（5）每60 000 km：更换自动变速箱ATF油。

（6）每80 000 km：更换6缸5阀3.0升发动机齿型皮带/更换4缸5阀1.8T及四缸5阀2.0升发动机齿型皮带。

（7）每24个月：更换制动液。

（8）36个月后每24个月：检测尾气排放。

二、汽车暂停时的养护

1. 防止金属生锈

由于自然条件影响，汽车停驶会使技术状况不断变坏，金属机件锈蚀。金属锈蚀后，机件强度降低，摩擦表面的光洁度遭到破坏，因而影响使用寿命。在保管中，金属机件的锈蚀主要是由于空气中含有酸、碱、盐等物质，与水分结合后形成电解液，附着在金属表面，发生侵蚀作用。空气中的氧气，则加速了锈蚀的发展。例如，沿海湿热地区，由于大气和海露中含有较多的盐类，金属锈蚀的速度要比内地快4～6倍；露天停放的汽车，一般半年左右，外露金属的锈蚀面积可达50%以上。防止金属锈蚀的主要途径是避免与大气直接接触和防止机件受潮。为此，金属机件的封存，通常采用涂油、刷漆、密封包扎等方法。

（1）涂油　主要用于防止相配合机件工作表面的锈蚀。例如，发动机汽缸壁与活塞、活塞环之间的相配表面极为光洁,不允许有轻微的锈蚀现象。但发动机工作后,由于废气中含有二氧化碳、二氧化硫和水分等,这些有害气体如在汽缸内存留过久,就会引起严重的锈蚀。因此,发动机封存时,必须确实排尽废气,加注 50 g 左右的脱水机油(机油加注时的温度应在 50～60℃),以彻底冲洗缸壁上的旧润滑油,并形成防锈油膜。其他金属机件如变速器、分动器、主减速器、转向器及万向节等,也应按规定加注传动润滑油或润滑脂,以防锈蚀。

(2) 刷漆　汽车机件的外露表面喷刷油漆,不仅是为了美观,更主要的是使金属表面形成一层保护漆膜,与大气隔绝接触,以达到防锈的目的。因此,封存时凡漆膜遭到破坏的地方,都应该重新喷漆或刷漆。刷漆前,应将机件表面的锈皮、油垢、灰尘等彻底除净;否则,刷漆后便会产生气泡和脱皮现象。

(3) 密封包扎　密封是比较简便易行的办法。凡是汽车内部机件与大气相通的管口、孔眼、缝隙,均应用油纸或其他不透气的材料加以堵塞封贴,或包扎,以阻止空气在机件内部对流,减免大气对金属的锈蚀作用。

2. 防止橡胶制品的老化变质

汽车上的轮胎、传动带以及防尘罩等橡胶制品会老化、膨胀或变形,以致性能变差,寿命缩短。其老化主要是由于橡胶属于不混合的高分子碳氧化合物,容易吸收空气中的氧而氧化,同时硫化橡胶还有一定的透气性,氧易进入内部起氧化作用,特别是阳光直射能促进橡胶迅速老化。为防止老化,应避免阳光直射或矿物油接触。

3. 防止棉麻制品霉烂

汽车上的棉麻制品,如坐垫、靠背、地毯等,容易吸收水分,特别是在潮湿的地区,更易受潮霉变。因此,车主应经常检查,适时晾晒。

4. 防止汽油的抗爆性能降低

汽车长期停驶,汽油的辛烷值会随着轻质成分的损失和胶质含量的增加而下降,使其抗暴性能降低。因此,汽油油箱要严密封存,避免温度过高。汽油储存的时间不要太长。

5. 经常检查发动机的工作状况

每月至少启动发动机一次,怠速运转 4～5 min,检查发电机的运转情况。如有异常,需及时调整,维修。

6. 经常检查蓄电池

电解液液面必须高于极板 10～15 mm,检查方法如图 4-3 所示,不足时及时添加蒸馏水,保持电量充足,必要时应对蓄电池充电。

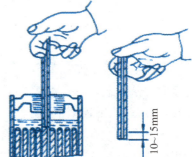

图 4-3　电解液液面检查

三、汽车长期封存时的养护

长期停驶的车除了完成上述汽车暂停时的养护外,还应注意以下几个方面的维护。

1. 机油

即使车辆没开或没达到保养里程,每隔一年也要更换机油及滤清器。表面上看,机油的状态非常稳定,而实际上,机油一旦开封,就有氧化的可能,尤其是车子经常处于静止状态,机油氧化的现象就更严重。机油氧化后,不仅润滑效果大打折扣,一些酸性物质还会对机件造成严重的腐蚀。另外,变质的机油会有许多沉淀物析出,这些沉淀物会堵塞油道或对摩擦表面造成严重磨损。

2. 防冻液

防冻液更换的标准不是行驶里程的多少而是时间的长短,或者更确切地说是启动的次数。因为机器从冷到热再到冷,这样一个循环就会使防冻液老化一次,积累到一定的次数,防冻液就必须更换了。另外,长期不用的防冻液,尤其是水基的乙二醇防冻液会变质。

3. 制动液

长期封存、变质的制动液会腐蚀总泵、分泵的橡胶元件。

友情提醒

车辆长期停驶所采取的养护措施也不同于短期停放。在封存前,应放尽冷却系统中的全部防冻液,放掉机油,电瓶应在充足电后摘下桩头,在停放期间还应定期充电。另外,还应用牢靠的千斤顶把车子架起来,使轮胎和悬架元件不再受力。汽车在长期停放期间,最忌两点:一是潮湿,二是鼠害。潮湿不仅会使金属部件锈蚀,还会损坏电气元件,这对于自动化程度较高的汽车是致命的。鼠害破坏力往往超出人们想象。电线、轮胎、内饰件都会成为老鼠口中的食物。

实践活动

参考本教材和学校图书馆的资料在作业本上完成下列题目:

1. 汽车常规保养的项目有哪些?请查找相关资料,列出奥迪 A6L 的常规保养的内容?

2. 在汽车暂停时我们应该进行哪些的养护项目?

活动六　汽车的换季养护

活动背景

汽车在不同的季节下的使用条件是不相同的,我国大部分地区夏季和冬季的平均温差都有 25℃。因此,在季节更替时做好车辆的养护,对汽车的使用有着重要的影响。

汽车的换季养护,包括冬季保养的项目和驾驶注意事项、夏季保养的项目和驾驶注意事项等内容。

活动分析

1. 冬季使用和维护应注意什么?
2. 夏季使用和维护应注意什么?

方法与步骤

一、冬季汽车的使用与维护

冬季寒冷的气候与恶劣的冰雪行驶条件,会给汽车的驾驶与维护带来很多不便,稍有不慎还可能发生意想不到的危险。

1. 常见的故障

冬季最常见的故障是发动机不易启动,其主要原因有:

(1) 润滑油黏度大,甚至凝结,流动性差,使发动机启动阻力增大,难以达到启动所需的转速。

(2) 蓄电池容量及端电压显著降低,使发动机得不到所需的输出功率,达不到启动转速的要求。

(3) 燃油黏度大,蒸发性变差,雾化不良,使发动机转速低,进气管内气体流速减慢,混合气难以达到可燃的浓度。

2. 冬季汽车的维护

冬季汽车只要维护得当,车辆故障是可以避免的。冬季汽车维护,主要包括点火系统、燃油系统、冷却系统、润滑系统和电气系统的维护。

(1) 点火系统的维护 点火系统的故障会造成发动机无法启动,其中大部分是由于高压线路潮湿和沉积的脏物引起的,故应清洁分电器盖(里面与外面)、高压线、点火线圈及火花塞。在清洁时,应注意点火系统中在高压下工作的高压线路较 12 V 以下的低压线路更易漏电,可以采用一些防水措施,如用硅胶溶液来密封易进水的部分,也可以用橡胶手套来密封电器盖,将高压线由手套的指缝处穿出。装用机械断电器点火系的汽车,如果行驶已超过 10 000 km,应该更换一副白金触点,这样点火能量就会更强,如能更换新的火花塞更好。全电子的点火系统,同样要注意防潮,应检查所有连线的端头和多线连接盒,保证它们不被水侵蚀和接头处的清洁。

(2) 燃油系统的维护 冬季燃油选用不当会造成汽车无法发动,尤其是柴油车。装备柴油发动机的车辆冬季绝对不能使用 0 号柴油,而要使用 5 号以上的柴油。在我国的大部分地区,冬季使用 -35 号柴油就可以了,但在东北和西北某些高寒的地区要使用 -40 号或更高标号的柴油。由于柴油中含有石蜡,一旦凝固无法流动,车子自然难以发动。

除了更换柴油及柴油滤清器外,入冬前还应放净水分离器中的水分,因为油水分离器结冰在冬季也是一件使人头疼的事。冬季,一旦柴油凝固,绝对不能用明火烘烤,而要用热水或热蒸汽加热,如果没有条件只能把车推到暖和的地方自然解冻。对于汽油车,只要在换季时更换一下汽油滤清器即可。

入冬前,装有化油器的车辆,可以适当调整化油器,使混合气变浓,以利于冷车启动。如果车子装有手动阻风门,应检查一下操纵机构开闭是否灵活。如果是自动阻风门(比如靠水温或电加热线圈工作)就更要检修一下,实际中自动阻风门的故障率远远高于手动阻风门,而这一装置的故障,使冷车启动将变得十分困难。如果冬季车子出现启动困难,一定不要往进气管中倒汽油,这是非常危险的;如果有必要,可以往进气管中喷一些启动液。一般,装有燃油喷射系统的发动机冬季启动则要顺利得多。

(3) 冷却系统的维护 冬季冷却系统也是容易发生问题的地方。在换季保养时,许多人只知道换防冻液(有预热阀的可将阀调到"冬"字),却忽略了对冷却系统进行一次仔细的检修。夏季,一些车辆出现水温偏高的故障,一些修理厂常常将节温器摘掉或把风扇离合器铆死,而经这样处理的车子到了冬季往往水温偏低。水温偏低对发动机的损害同样很大,因为水温低,汽油雾化不良,油滴进入汽缸会冲刷缸壁上的润滑油,造成润滑油变稀加剧发动机的磨损。

(4) 润滑系统的维护　换季时更换机油,在冬季发动机对机油的标号也有一定的要求。一般来说,20W 以上牌号的机油称为夏季机油,15W 的机油称为四季机油,而 10W 以下的机油在冬季使用最好。因此对于绝大多数车辆,在冬季可使用 15W40 牌号的机油;在某些严寒地区,还可选用专门的抗冻机油。而高档车,则可使用润滑效果最好的 0W 或 5W 的纯合成机油。

(5) 电气系统的维护　入冬前,车辆的电气系统应做彻底的保养。检查一下蓄电池:一般蓄电池的使用寿命为 2~3 年,不超过 5 年。如果已接近使用期限,最好换一个;如继续使用,应检查电解液是否充足,比重是否正常。充好电的电解液比重是 1.28,如果亏电,比重就会下降。亏电的蓄电池不仅启动困难,而且容易冻裂,因而冬季应经常给蓄电池充电。

除此以外,换季保养时,还应检查暖气、除霜装置。挡风冲洗罐内应加入少量的酒精,以防冻结;应保持轮胎的胎面花纹具有一定的深度,冬季最好使用 M+S 花纹的,花纹深度应该在 1.6 mm 以上。必要时,可装用防泥泞、冰雪的轮胎,这种胎面的花纹,在冰雪、泥泞中有更好的附着性,但它不适用于正常的潮湿路面。

二、冬季汽车的驾驶

冬季恶劣的气候条件给驾驶车辆带来了许多不利因素,最常见的有冰雪天和浓雾天。

1. 冰雪天行车

汽车在冰雪道路上行驶,由于路面的附着力小,制动距离增长,车辆的抗滑几乎等于零,极微小的力作用在车轮上就会引起溜滑,因而,冰雪天行车主要是做好防滑工作。可采用的措施有:

(1) 备好防滑用具　行车前,可准备好铁锹、镐头、三角木等防滑用具,亦可套上防滑链,避免滑溜。行车时,要集中精力,谨慎驾驶,发现情况提前处理。

(2) 平稳起步　由于冰雪路面附着力小,驱动轮易打滑。因此在起步时,离合器应该在半联接状态下稍加停留,节气门配合要适中,使发动机在不熄火的条件下,输出较少的动力,以降低驱动轮的扭矩,适应车轮与路面较小的附着力,避免起步打滑。

(3) 车速适中　驾驶员应根据车辆的技术状况、路面状况和自己的驾驶水平掌握好车速,合理使用档位,换档动作要准确、迅速、平稳。车辆上坡时,要根据坡度采用比正常使用低一级的档位,减档时要比平时提前;下坡时,主要靠发动机和制动器控制车速;转弯时,应减慢车速。

(4) 正确使用制动　在制动时,动作应该轻柔。一般方法是,缓缓踏下制动踏板,待身体稍有前倾的感觉,保持踏板位置或抬起少许,以消除车辆前冲的惯性力,切不可使用紧急制动。

(5) 应对车轮打滑　当车辆陷入冰雪或泥泞车辙中,以致车轮滑转时,设法降低轮胎气压,可以获得较大的附着力,以摆脱困境;也可找一块呢绒织物或地毯由前方塞入失去附着力的轮胎下面,而驶出陷车处。当汽车驶出陷车处时,应立即将轮胎充气至正常。

2. 雾天行车

雾天行车由于视线较差,驾驶员要特别小心,为了在雾区安全通过,必须注意以下几点:

(1) 打开车灯　由于视线差,应打开前后雾灯、近光灯及紧急灯来警告前后的车辆,同时开动雨刷及前后挡风玻璃的除雾器,驱除玻璃内外的雾气和水滴。

(2) 放慢车速　汽车一进入雾区,不管雾是浓或薄,是断还是续,应将车速放慢,拉开和前车的距离以增加应变的时间。如果雾较大,最好就近找个安全的地方停车,原地休整。

三、夏季汽车的使用与维护

在炎热的夏季,由于气温高、雨量多、灰尘大、辐射强等原因,使汽车的技术状态发生变化。同时,夏季又是汽车故障的多发季节,因而掌握必要的汽车使用与维护知识非常重要。夏季汽车常发生故障的主要部位包括冷却系统、空调系统、供油系统、轮胎和发动机。

1. 冷却系统

(1) 常见的故障　夏季,汽车冷却系统的最常见故障是"水箱开锅"使汽车抛锚。伴随着"水箱开锅"还有加速无力等故障。检修水箱开锅的车辆,首先要确保车辆其他相关部件正常,如使用正确标号的燃油、机油、火花塞、防冻液,调好点火正时及怠速空燃比。在这些方面都正常的情况下,进一步检查冷却系统。

检查顺序应该是:首先看水箱。正常水箱在汽车行驶时应该上下温度一致,如果出现半边凉半边热的情况,就可以判断水箱内部堵塞。可以把水箱接在 2 kg/cm² 的水管上,逆向冲洗,如果堵塞严重可以使用少量清洗剂,同时注意清洗水箱的污垢并观察有无渗漏。其次再看节温器。有些人认为,摘除节温器就可以防止水温偏高,其实节温器只要正常发挥作用并不会导致水温过高,而发动机长时间在低温下运行也是非常有害的。另外,许多发动机的节温器是双向作用的,当节温器关闭时,强迫冷却水走小循环,而节温器打开时,小循环关闭,冷却水全部走大循环。如果不装节温器,由于管路局部阻力的节流作用,实际流向大循环冷却水很少,水温反而升高。最后再检查水泵。水泵的损坏有 3 种方式:渗漏、丢转和叶轮腐蚀。所谓丢转是水泵轴和叶轮配合间隙太大,当发动机转速达到一定时,水泵叶轮无法达到相应转速,造成水循环不良。

风扇是冷却系的主要部件,有些轿车已淘汰了固定风扇,而代之以电磁和带有硅油离合器的风扇,它的特点是冷车时风扇基本不起作用,而热车时散热量达到最大;硅油风扇离合器的主要故障是漏油,而电磁风扇离合器的主要故障是水温开关损坏、线路损坏、电磁线圈损坏。

发动机的散热除了以水为散热介质外,一部分热还可以随排气散失,机油也可以带走部分热量,而发动机周围的空气对流更起着不可替代的作用。因此,检查发动机过热时不要忘记检查排气系统(尤其是带催化转化器的车型)是否流畅,机油、变速箱油散热装置是否完好。另外,发动机风扇附近的导风罩(俗称风圈)对机舱内的热对流起着至关重要的作用,检查时应注意。

(2) 冷却系统的保养　为了防止冷却系统出现故障,应注意冷却系统的保养,冷却系统的保养包括:

① 检查冷却系的密封情况,风扇皮带的松紧度,节温器的灵敏度和冷却水温的情况等,并注意保持充足的冷却水。

② 清洗冷却系统,包括散热器、水套内黏附的水垢,防止水垢影响冷却系的散热性能。

2. 空调系统

夏季,对空调系统的保养主要应注意以下几点:

(1) 制冷剂是否足够 这是空调不制冷的常见原因。制冷剂是否充足可通过干燥罐上的观察孔看出,有经验的修理工从气泡的流动情况就能判断空调是否需要补充制冷剂。如果发现空调制冷剂缺乏先不要急于补充,应该先检查是否有制冷剂的泄露。根据经验,空调系统的故障有80%以上是由于制冷剂泄露引起的。

(2) 检查空调系统压力是否合适 在确认制冷剂没有问题之后,可检查系统压力是否正常。一般来说,正常的空调系统低压端的压力为2～3 bar,高压端的压力为15～25 bar,因车而异。如果高低压相差不大,并且都低于8 bar,那就很可能是压缩机工作不良或根本不工作。正常的空调压缩机应该用手就能轻松转动,如果用工具都转不动,就可以认定压缩机抱死,必须更换。

(3) 干燥罐或膨胀阀是否正常 如果检查发现高压端压力特别高,低压端压力特别低,那很可能是干燥罐或膨胀阀出现故障。在实际工作中,应该把干燥罐和膨胀阀看作易损材料或称为耗材,必须定期更换,尤其是运行了5年的车辆更要常检查这些部件。

(4) 电子控制系统是否可靠 为了使空调工作稳定、舒适并节省燃油,许多高档轿车安装了复杂的空调电子控制系统,这些系统如果出现问题也会导致空调工作异常。

3. 燃油供给系统

夏季供油系统很容易出现气阻现象。这是由于供油系统受热后,汽油中的部分轻馏分挥发变成气体,存在于汽油管路和汽油泵中,增加了汽油流动阻力;加之夏季气温高,容易造成发电机供油不足甚至中断现象。防止气阻现象出现的方法有:

(1) 行车途中发生气阻现象,可用湿布使汽油泵冷却或将车辆开到阴凉处降温,使得气阻现象得以排除。

(2) 改变膜片式汽油泵的安装位置,由原来靠近排气管后侧处移到排气管前边通风良好处,并在汽油泵与排气管之间加一块隔热板。

(3) 在汽油泵进出油阀上,各安装一个单向油阀弹簧用以提高汽油泵的抗气阻能力。

4. 发动机及各润滑系统

夏季里,发动机也是容易出现问题的部位。因而,发动机也应受到特别的维护。尤其是高级轿车,发动机的温度一般都较高,如果外界温度偏高,这一问题就更加突出。所以,车辆发动机的正确保养就显得非常重要。夏季,发动机应换用高黏度牌号的润滑油,并适当缩短换油周期;轮毂轴承用滴点较高的润滑脂,变速器和差速器换用夏季厚质齿轮油,制动液采用沸点较高的制动液。对于高级轿车,应使用优质防冻液和机油,即应使用SG(SH、SJ更好)级机油,机油的温度范围至少应为15W40(最好使用5W50)级的合成机油。一般来说,使用优质防冻液和优质机油加上合理操作,夏季发动机的故障还是可以避免。

5. 轮胎防爆

夏季气温高,当轮胎内温度升高,胎内气压增大容易爆胎。这主要是一方面外界温度高,加上轮胎滚动时与地面的摩擦产热使轮胎过热,弹滞损失增加,当胎温超过120℃时,轮胎就有爆胎的危险;另一方面,胎温升高,轮胎变形频率加快,使橡胶容易老化,发生爆胎。因此夏季汽车运行时,应经常检查轮胎的温度和气压,保持规定的气压标准,在酷热的中午行车应适当降低行驶速度,每行车40～50 km应停车在阴凉地稍作休息,待轮胎温度降低后再继续行车。

夏季雨量多,雨中行车不可避免,在雨中行车除了必须严格控制车速外,轮胎的选择也事关安全,应禁止使用过度磨损的轮胎。夏季在多雨地区,建议使用雨季专用轮胎(这种轮胎的侧面有一个雨伞状的标志)。近年来,许多厂家推出了带有复杂排水沟的超级轮胎,使雨天行车更安全。

6. 勤查充电系

夏季行车,充电系也应经常检查。蓄电池易出现过充电现象,电解液蒸发快,极板易损坏。因此,应经常检查蓄电池的液面高度和电解液的比重(电解液的比重应比冬季小一些),经常向电解液中加注蒸馏水,保持加注口盖上通气孔畅通无阻;否则,会发生蓄电池内部压力增加使壳体炸裂。还应适当调整发电机调节器,减小发电机的充电电流。

四、夏季车辆的驾驶

由于夏季高温、多尘、多雨,这些气候特点对行车安全都是不利的,同时也增加了驾驶者的劳动强度。针对这些特殊的气候条件,驾车时需要注意以下几点:

(1) 夏季行车(特别是驾驶货车),要根据运行任务的特点和需要,携带必要的水桶、雨帆布、防滑链条、三角木等。

(2) 配备随车灭火器,预防因搭铁不良引起的火花及燃油渗漏引起火灾时使用。要放静电,不在打雷闪电的情况下加注易燃油料。

(3) 夏季行车,驾驶员容易疲劳打瞌睡,因此行车前要休息,不可勉强行车,要保持睡眠充足。

(4) 要防中暑,多饮清凉饮料,并保持驾驶室通风良好。

(5) 行车途中遇到雷阵雨时,要注意控制车速;狂风暴雨时往往会引起视线不清,这时最好能停车休息;雨中行车,千万不要急踩刹车以防侧滑。

(6) 夏季驾驶车辆时,要特别注意车辆的涉水问题。许多人认为,只要雨水不淹没排气管和分电器就可以放心涉水,特别是开高级轿车的司机认为,高档车密封性能好,涉水不成问题,其实不然。由于高级轿车的豪华性、舒适性,以及其安全性、动力性、经济性的需要,其电器设备多,且线路复杂,一旦进水会造成多处短路,甚至起火;另一方面,高级轿车为了扩大其使用空间,常把一些部件安装在隐蔽处,甚至车底,一旦进水,后果不堪设想。特别是发动机进水,雨水一旦进入气缸会损坏活塞和气缸体等重要部件。如果发动机在水中熄火,不能用推车和打马达的方法强行启动,应迅速把车从水中拽出,卸下火花塞,转动发动机将发动机中的水排除。如果缸内的水较多,或机器无法转动,则必须解体检修;如果汽车是在车库中被淹,则要取下电瓶,将车推向阳处晒干,并仔细检查被水淹过的部件,特别是电气元件。在重新启动前,必须确认发动机内没有积水。

实践活动

参考本教材和学校图书馆的资料在作业本上完成下列题目:

1. 汽车冬季养护的项目有哪些?请查找相关资料,列出奥迪 A6 的冬季保养的内容。
2. 在严冬季节驾驶汽车需要注意哪些问题?
3. 高温天气汽车驾驶的注意事项和车辆维护的重点有哪些?

活动七 "三滤"及机油的更换

在汽车使用中,更换最频繁的部件是"三滤"和机油。其中,"三滤"指机油滤清器、空气滤清器和汽油滤清器。在汽车的正常使用时机油、机油滤清器,一般每五千公里就要更换一次,而每一万公里也需要更换空气滤清器和汽油滤清器。

1. 空气滤清器如何更换?
2. 机油滤芯如何更换?
3. 汽油滤清器如何更换?

"三滤"在汽车上发挥的作用相当于人体呼吸道上的黏膜,可以防止有害物质进入汽车的"重要器官"。因此,要确保"三滤"工作良好,汽车才能保持行驶顺畅。"三滤"的作用就是过滤及净化进入汽车发动机气缸的所有气体和液体,从而对发动机起到保护作用,同时也提高发动机的工作效率、延长发动机的使用寿命、减少汽车使用的故障率、降低汽车的使用成本。

1. 空气滤清器

虽然空气看不见、摸不着,但在空气中悬浮着很多小颗粒,主要成分是二氧化硅,这是一种比金属更硬的物质。空气滤清器的作用就是尽量防止这些颗粒物进入汽车内部,对汽缸和活塞等零件造成磨损。大量的试验证明:如果汽车不安装空气滤清器或空气滤清器工作失效,汽缸磨损将增加 6~8 倍,活塞磨损将增加 2~4 倍,活塞环磨损将增加 7~9 倍。因此,现代汽车发动机都装有空气滤清器。一般行驶 5 000 km 要清洁一次,行驶 25 000 km 空气滤清器就需要更换了。

2. 机油滤清器

发动机使用过程中,灰尘、金属磨屑、碳粒等机械杂质会混入机油中,同时空气及燃烧的废气也会逐渐氧化机油,使其产生胶质,机械杂质与胶质混合后还会形成油泥。这不仅会加速运动零件的磨损,而且易造成油路的堵塞。为保油路的清洁,发动机在润滑系统中装有机油滤清器。目前,汽车大多是封闭旋装式的机油滤清器,是一种不可清洗的一次性滤清器,一般行驶 5 000 km 更换。

3. 汽油滤清器

由于汽油在储运及加注过程中难免会混入一些杂质和水分,这些杂质随着燃油带入供油系统中和发动机汽缸内,汽缸就会加速磨损,在汽油进入汽油泵前必须滤清,以保证汽油供给系统正常工作。由于现在的汽油滤清器也是一次性使用的,它的更换周期在 5 000~10 000 km 左右。

方法与步骤

一、空气滤清器的检查与更换

(1) 打开发动机舱盖,确认空气滤清器的位置(一般位于发动机舱右侧,即右前轮上方位置,有条手臂粗软橡皮胶管连着的黑色方形塑料盒)。

(2) 设计时,考虑到方便经常拆卸清理,一般车型都不会使用螺丝固定,轻轻掰开朝向车尾方向的两只金属卡子,即可将整个空气滤清器盒盖朝前掀起。也有的车型会在盒盖的卡箍上安装螺丝,这时需要选取合适的螺丝刀将空气滤清器卡箍上的螺丝拧下。

(3) 将整个空气滤清器盒盖朝前掀起。

(4) 将空气滤芯取出,检查是否有较多尘土,可以轻轻拍打滤芯端面,用压缩空气由里向外吹去清除滤芯上的尘土,切勿用汽油或水洗刷。如果空气滤清器已经发生严重堵塞,则需要更换新的。

（续 表）

（5）在装复空气滤清器之前，要确认空气滤芯以及进气盒中没有水分残留。	
（6）拆除时一定要记住工序，这是为了安装顺利。如果安装时出现问题，应找出原因，不可使用蛮力。更换注意事项： ① 要使用厂家推荐型号的空气滤芯，在购买和使用前应做质量检查。 ② 要检查空气滤芯的密封圈，安装时空气油芯不能装反，所有进气都必须通过空气滤芯。 ③ 不要在发动机运转时做空气滤清器保养工作。 ④ 在灰尘较大的环境下，不要拆空气滤芯，不能开着空滤器盖运转发动机。 ⑤ 没有空气滤芯过滤时，不要启动发动机。 ⑥ 要及时清洁空气滤清器集尘装置中的灰尘。 ⑦ 由于空气滤芯多为纸质，清洁时若用在地面磕掉灰尘的方法时用力要轻。若用压缩空气吹空气滤芯时，气压不能过高，不要向里吹滤芯。	

二、机油与机油滤芯的更换

虽然现代轿车在电子技术方面不断创新，但依然需要机械部件的相互接触、摩擦，去执行相关的行走功能。尤其是发动机部分，更是常被比做一辆轿车的心脏，它的工作状况是否良好在很大程度上取决于机油的作用。通常，要求机油具备良好的黏温特性、抗氧化性能、清洁分散功能以及抗磨损性能。只有具备这些性能的机油才能保证机油实现下面的功能：

（1）在发动机各零部件之间形成油膜，润滑及降低摩擦阻力。

（2）在活塞环和气缸之间形成有效密封，防止燃油混合气泄露。

（3）冷却并降低发动机的工作温度。

（4）把发动机中的杂质带走，避免形成油泥影响运转。

（5）对发动内部零件提供油膜保护，避免金属表面受到腐蚀。

现代发动机在设计制造上越来越精密,可靠性也越来越高,其保障条件之一就是机油的保护作用。可以说,现代发动机寿命的延长靠的就是润滑油的养护。所以,机油的日常检查和更换是汽车维护中最重要的内容,特别是在汽车性能不断提高的今天,机油的使用至关重要。

1. 机油的检查与补充

为减少发动机磨损,确保发动机良好的润滑,在维护中,应认真检查机油的质量和数量。发动机在运转中,消耗少量机油是正常现象。发动机机油的消耗量与机油的黏度、质量及行驶方式有关。经常高速行驶和频繁地加速、减速,都会过多地消耗机油。新发动机由于处于磨合期,也会多消耗机油。

由于在发动机运转时,燃油和水分少量地进入油底壳,使机油被稀释。当汽车长时间行驶在短途工况下,即使累积行程再多,机油尺也不会显示机油的减少。因此,要想准确地判断机油的消耗量和真实的机油平面高度是困难的。原因在于短途行驶,机油易受未燃尽的燃油或湿气的稀释,出现机油似乎无消耗的假象;当汽车行驶在高等级公路,且以较高速度行驶时,存在于机油中的稀释成分会逐渐挥发,又会出现机油似乎超量消耗的假象。因此,只能用查看机油尺显示的方法,来近似地确定机油的消耗量。

(1) 查看机油的数量 此项的检查应在启动发动机之前或停机 10 min 以后进行,检查之前应将车停放在平坦的场地上。将启动开关钥匙拧到关闭位置,把驻车制动杆(手制动杆)放到制动位置,变速杆放到空档位置。

打开发动机舱盖,抽出机油尺,将机油尺用抹布擦净油迹后,插入机油尺导孔,拔出查看。油位在上下刻线之间,即为合适。如果超出上刻线,应放出机油;如果低于下刻线,可从加油口处添加,待 10 min 后,再次检查油位。

(2) 检查机油的质量 在检查油位时,应注意检查机油的污染程度。检查机油尺上的机油,不应有变色(机油变黑现象除外)的现象。当机油达到使用的间隔里程或达到换油指标时,应及时更换机油。多级油在使用时容易变黑,属于正常现象。

检查机油质量的常用方法有油迹对比、黏度比较试验和化验法等几种。

用油迹对比法检测机油质量时,可取两片洁净的白纸,在纸上分别滴下同种新机油和正在使用的机油各一滴,比较两者变化情况。如果在用的油中间黑点里有较多的硬沥青质及炭粒等,表明机油滤清器的滤清作用不良,但并不说明机油已经变质;如果机油中间黑点较小且色较浅,周围的黄色润迹较大,油迹的界线不很明显而且是逐渐扩散的,说明机油中洁净分散剂尚未耗尽,仍可继续使用;如果黑点较大,且油是黑褐色,均匀无颗粒,黑点与周围的黄色油迹界线清晰,有明显的分界线,则说明其中洁净分散剂已经失效,表明机油已变质,应及时更换。

2. 更换机油

(1) 换油周期　正常的换油时机一般为 7 500～12 000 km,汽车生产厂家对本厂车型都有明确的规定,参照汽车使用说明书进行。汽车长期在负荷较重的苛刻条件下工作,机油更换的间隔要适当缩短。如果汽车在一年中行驶里程达不到上述里程,应每年更换一次机油。如果使用质量较高的机油,换油间隔可适当延长(按机油生产厂家的建议执行)。更换发动机机油时,应尽量使用多级油,按车型要求使用合格牌号的机油。

(2) 机油质量的适用范围　由于国内汽车的种类比较复杂,汽车生产的年份也不尽相同。因此,汽车所用的机油也不一样。加错了机油,轻者使发动机早期磨损,重者导致报废。所以,必须为汽车选择符合要求的机油,以保障发动机的有效润滑。通常,根据汽车随车手册的规定来选择机油。

(3) 机油黏度的适用范围　由于发动机结构和使用条件的不同,为保证低温时顺利启动和高温时的润滑性能,各种汽车推荐的机油黏度有较大差别。

(4) 更换机油　更换机油时,应启动发动机使之运转达到正常的工作温度(80℃以上),然后将发动机熄火,在热车状态下放出机油盘和滤清器内的旧机油。有些车型的机油盘放油螺塞为磁性螺塞,待机油放净后,应将放油塞上吸附的铁屑清除干净后拧上。

如果有条件,更换机油时,最好使用真空换油设备,该装置可以将旧机油吸出得比较干净些。

(5) 视需要清洗润滑油道　当放出的机油较脏时,应清洗润滑油道内的旧机油。操作时,向发动机加入标准容量 60%～80% 的清洗油(稀机油或掺入 20% 柴油的机油)。启动发动机,怠速运转 3～5 min(切不可高速运转)。最后,放净清洗油,加入清洁的新机油即可。

3. 机油滤清器滤芯的更换

机油滤清器经过一段时间使用之后,滤芯上会聚集许多油泥和金属碎屑,造成滤清器堵塞,阻碍润滑系统正常工作。此时,应更换机油滤清器的滤芯。

现代汽车上广泛使用全流式机油滤清器,这种滤清器具有滤清效果好、机油流动阻力小和使用方便等许多优点。这种滤清器的更换作业,请按以下步骤进行操作:

(1) 更换滤清器的准备　首先将车架高,使放机油容易些。将油盆放到发动机油底壳的放油螺塞处,卸下放油螺塞,放掉机油。

(2) 拆装滤清器的滤芯　旧机油放净时,用滤清器扳手卸下滤清器滤芯。

操作时,注意不要让机油到处淌,以免弄脏发动机和操作间的环境。准备好同样的滤芯,先在滤芯的O型圈上涂抹一层机油,用手将滤芯拧到拧不动为止,以防损坏O型圈,造成漏油。然后,再用滤清器扳手拧紧。

启动发动机,在怠速的情况下,观察滤清器有无泄漏。如有泄漏,应拆检油封胶圈,排除漏油现象。

三、汽油滤清器的更换

目前,大多数发动机上装的都是一次性不可拆洗式的纸质滤芯汽油滤清器,更换周期一般为1万公里。电子控制汽油喷射式发动机的汽油滤清器,依照维修手册应在汽车行驶 40 000 km 更换。由于现在有部分汽油质量不能达不到电喷车的使用要求,建议每行驶 20 000 km 更换一次。电喷车汽油滤清器大都在车身下油箱附近的输油路当中,或在发动机机舱内。更换方法如下:

(1) 释放燃油系统的油压。电子控制汽油喷射式发动机为利于再次启动,在发动机熄火后,燃油管路内仍保持着较高的燃油压力。在拆卸燃油管道,更换汽油滤清器时,应先释放掉燃油管道内的油压,以免松开油管接头时大量燃油喷出造成人身伤害或火灾和燃油的浪费。释放燃油压力的步骤如下:

① 启动发动机;
② 在发动机运转中,拔下电动汽油泵电源插头(或电动汽油泵继电器);
③ 待发动机自行熄火后,再转动启动发动机,启动发动机2~3次,可完全释放压力;
④ 关闭点火开关,装上电动汽油泵继电器(或插上电动汽油泵电源接线)。

(2) 将汽油滤清器从输油管路中卸下,同时应注意汽油滤清器进油口端与出油口端的方向。

(3) 按照正确的安装方向,装上新的同型号的汽油滤清器,接好所有燃油接头。

(4) 擦净流出的汽油后,将点火开关旋至ON位置再关闭,如此反复进行数次,使燃油系统建立起油压。

(5) 启动发动机,检查连接处是否漏油。

 友情提醒

滤清器有进出油口箭头标记,更换时切勿装反。如果装反可能造成下列故障:
① 发动机供油不足;
② 动力下降;
③ 高速断油;
④ 发动机无法启动。

实践活动

在实习教师的带领下完成下列作业：
1. 有条件的学校在本校完成"三滤"和机油的更换作业。
2. 根据车型的不同，请同学们查找上海大众帕萨、奥迪 A6L 的"三滤"和机油更换的周期、加注量、操作步骤、更换时的注意事项及厂家的要求，并列表相比较 3 车型对更换机油和"三滤"的异同。

活动八　汽车常用油、液的检查与添加

活动背景

为了保证汽车工作的动力性、稳定性、可靠性、制动安全性和舒适性，汽车在使用过程中除了消耗燃油和润滑油之外，还必须使用多种油液来实现汽车的各种功能。例如，用自动变速器油传递动力，用冷却液保证发动机的正常工作温度，用（制动液）刹车油保证汽车的安全性，用润滑脂来保证工作的可靠性，等等。

活动分析

1. 自动变速器油有什么特性？如何更换？
2. 齿轮油如何更换？
3. 冷却液如何更换？

原理描述

汽车常用液的种类和用途，如下图所示。

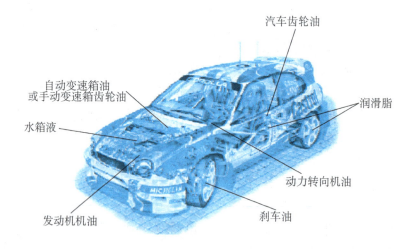

方法与步骤

一、自动变速器油的检查与更换

自动变速器油简称 ATF，如图 4-4 所示，是指专用于自动变速器的油液。众所周知，自动变速器是高度精密的动力传输装置，装备有许多精密部件，如液力变矩器、行星齿轮系、液压控制阀及复杂而细小的油道等，它们对 ATF 中的污染物和温度变化非常敏感。如果缺少科学的养护，自

动变速器会出现工作粗暴、换档困难、打滑以及烧蚀摩擦片等故障,其代价往往是费时、费力的维修和昂贵的维修费用。据统计,90%的自动变速器故障是由于ATF的污染劣化引起的。汽车自动变速器保养的主要内容就是对ATF的检查和更换。

在自动变速器中,ATF主要有下列功用:

(1) 通过液力变矩器,将发动机动力传递给变速器。

(2) 通过电控、液控系统传递压力和运动,完成对各换档元件的操纵。

(3) 冷却。将变速器中的热量带出传递给冷却介质。

(4) 润滑。对行星齿轮机构和摩擦副强制润滑。

(5) 清洁运动零件,并起密封作用。

图4-4 自动变速器油

1. ATF的特性

由于ATF工作特点,在性能上有别于其他油液,主要有以下特性:

(1) 较高的黏温性 黏度过大、过小都会使变速器传动效率下降,而黏度又随温度而变化。因此,要求ATF低温时黏度不要太大,高温时黏度不能太小。

(2) 较高的氧化安定性 自动变速器在工作中,其离合器等零件温度高达300℃。在高温下,油液与空气作用生成一种胶质黏附在阀体及各运动零件上,影响系统的正常工作。因此,要求ATF具有较高的氧化安定性。

(3) 防腐防锈性 零件的腐蚀或锈蚀,会造成系统工作失灵,以至损坏。

(4) 良好的抗泡沫性 油液中的泡沫影响传动油的正常循环,并有可能使各档离合器一直处于不能彻底分离或不能完全结合的状态,使自动变速器无法正常工作。

(5) 抗磨性 要求ATF既能良好地润滑各运动副,但摩擦系数又不能太小,否则离合器将难以结合。

(6) 剪切稳定性 液力变矩器中,传动油受到强大的剪切力,如油的剪切稳定性差,变矩器则会出现打滑现象,降低了变矩器的传递效率,还会出现换档不平稳、脱档等故障。

自动变速器油的型号很多,各国的用油规定也不同,一般应按汽车使用说明书的规定选用。我国一般使用兰州、上海炼油厂生产的液力传动油,按其100℃运动黏度分为6号、8号两种规格。其中,6号液力传动油用于内燃机车或载货汽车的液力变矩器,8号液力传动油用于各种轿车、轻型客车的液力自动变速器,可以替代国外的同类产品。目前,世界各国普遍使用美国生产的自动变速器油,主要有通用公司生产的Dexron、Dexron Ⅰ、Dexron Ⅱ型和福特公司生产的E、F型。我国的部分国产汽车和进口汽车多用美国通用公司生产的Dexron Ⅱ型和福特公司生产的F型自动变速器油。

自动变速器油的型号不同,其摩擦因数也不同。因此,既不能错用,也不能混用。如果规定使用Dexron Ⅱ型自动变速器油而错用了福特F型自动变速器油,会使自动变速器发生换档冲击和制动器、离合器突然啮合的现象;反之,规定用福特F型自动变速器油而错用了Dexron Ⅱ型自动变速器油,则会出现自动变速器的离合器、制动器打滑,加速摩擦片的早期磨损。

2. ATF 的检查

在自动变速器维护时,检查 ATF 极其重要,检查内容主要包括油质检查、油量检查和漏油检查。

(1) 油质检查 检查油质、颜色、气味和杂质,确认 ATF 是否过热变质。Dexron 油染成红色,油质清澈纯净,如颜色变黑、有烧焦味且含有杂质,则更换。

正常的自动变速器油清澈略带红色,且无异味。如果使用不当,容易出现油液变质。因此,必须加强对油液品质的检查。油液品质的检查,可用检测仪器进行。如无检测设备,可从外观上判断。例如,用手指捻一捻油液,感觉一下黏度,用鼻子闻一闻有无特殊的气味。若发现油液变质,应及时换用新油。根据使用的经验,现将油液品质变化与其故障原因列于表 4-6,供参考。

表 4-6 ATF 的状态与故障原因

油液的状态	原因
油液清洁呈红色	正常
油液呈深红色或褐色	换油不及时、长期重载运行、离合器或制动器打滑、油温过高
油液中有金属颗粒	离合器、制动器或单向离合器磨损严重
变速器油尺上黏附胶状物质	变速器油温过高
有焦臭味	油温过高、油面过低、冷却器或管路堵塞

(2) 油量检查(油面高度的检查) 检查时一般要求:

① 自动变速器处于热状态,油温为 70~80℃。

② 汽车停放在水平路面上并拉紧驻车制动器,发动机怠速运转。踩下制动踏板,将自动变速器的选档操纵手柄在各档位轮换停留短时间,使油液充满液力变矩器和所有执行元件,然后将发动机熄火,将选档操纵手柄拨至停车档(P)位置。

③ 此时抽出油尺,用干净的抹布擦净后重新插入,再拔出检查,油面高度应达到油尺上规定的上限刻度附近为准。

油尺上的冷态范围(COOL)用于常温下检测,只能作为参考,而热态范围(HOT)才是标准的,如图 4-5 所示。

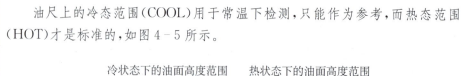

图 4-5 自动变速器油面的检查

自动变速器中，油面的高低对变速器的性能影响很大。若油面过高，旋转机件旋转时剧烈搅动油液并产生气泡，气泡混入 ATF 内，会降低液压回路的油压，影响控制阀的正常工作。同时，还会引起离合器、制动器打滑，加剧磨损。若油面过低，油泵吸入空气或油液中渗入空气，同样导致产生前述类似的问题。另外油面过低还会使润滑冷却条件变差，加速 ATF 的氧化变质。

加注原则：一般加入自动变速器中的油液数量，应保证在液力变矩器及各操纵油缸充满以后，变速器中油面高度低于行星齿轮等旋转部件的最低点、高出阀体与变速器壳体的接合面。

在自动变速器中，ATF 液面的高低与油液的温度和变速器的工作状况有关，温度升高油面也升高。当自动变速器正常运转时，ATF 充注在变矩器和各油缸油道内，液面下降，熄火后，油面会升高。因此，油面高度的检查是在规定的条件下进行的，具体检查方法不同厂家的规定各不相同，应按维修手册进行。

3. ATF 的更换

自动变速器油应定期更换。国产汽车正常行驶 1 万～2 万公里，进口汽车正常行驶 2 万～4 万公里，或者停车超过一年时，均应将自动变速器油液全部更换，同时还应更换 ATF 滤清器。

采用传统的方法更换旧油只能排放或填充 ATF 总容量的 1/2。例如，捷达都市先锋 01M 自动变速器 ATF 总容量 5.3 L，换油量 3 L；奥迪 A6 自动变速器 ATF 总容量 5.4 L，换油量 3 L。这样，残留下来的旧油会污染新的变速器油，而新旧油混合后，必然会影响自动变速器各方面的性能。用专用的换油设备，就能彻底将旧的变速器油全部排尽，而且在排放的同时填装等量的相同规格的新变速器油。

（1）严格控制加油量　自动变速器油量的多少，对其使用性能和使用寿命均有较大影响，因此，加入自动变速器的油量必须符合标准。若油面低于标准，油泵会吸入空气，导致空气混入工作液，降低液压系统的工作压力，使各控制滑阀和执行元件动作失准、操纵失灵，使离合器、制动器的摩擦材料早期磨损，同时还会加速自动变速器油的氧化变质。当油面过低时，由于运动件得不到充分可靠的润滑，就有可能因过热而引发运动件卡滞及产生噪声。若油面过高，会由于机械搅拌而产生大量泡沫，这些泡沫进入液压控制系统，会引发与油面过低而产生的同样问题。如果控制阀体浸没于自动变速器油中，则液压管路中的离合器、制动器的泄油口会被自动变速器油阻塞，施加于离合器、制动器的油压就不能完全释放或释放速度太慢，使离合器、制动器动作迟缓。在坡路上行驶时，由于过多的油液在油底壳中晃动，可能从加油管往外窜油，容易引起发动机罩下起火。

（2）自动变速器油的更换方法　换油时，必须使用规定型号的 ATF。具体换油里程、换油方法、用油规格，依厂家维修手册规定进行。自动变速器的具体换油方法如下：

① 行驶车辆，待自动变速器正常工作温度（油温 70～80℃）后，停车熄火。

② 拆下自动变速器油底壳上的放油螺塞，将油底壳内的 ATF 放净（有些车型自动变速器油底壳上没有放油螺塞，应拆下整个油底壳，然后放油）。拆油底壳时，应先将后半部油底壳螺钉拆下，拧松前半部油底壳螺钉，再将后半部油壳撬离变速器壳体，放出部分 ATF，最后再将整个油底壳拆下。

③ 拆下油底壳，将油底壳清洗干净（有些自动变速器的油底壳用的是磁性放油螺塞，也有些

自动变速器在油底壳内专门放置一块磁铁,以吸附铁屑)。清洗时,必须注意将螺塞或磁铁上的铁屑清洗干净后放回。

④ 拆下ATF散热器的油管接头,用压缩空气将散热器内的残余液压油吹出,再装好油管接头。

⑤ 装好油底壳和放油螺管。

⑥ 从自动变速器加油管中加入规定牌号的ATF,一般自动变速器油底壳内的储油量为4 L左右;启动发动机,检查自动变速器油面高度;由于新加入的ATF温度较低,油面应在油尺刻线的下限附近,如油面太低,应继续加油至规定的高度。

⑦ 让汽车行驶至发动机和自动变速器达到正常工作温度,再次检查油面高度是否在油尺刻线上限附近,如过低,应继续加油,直到满足规定要求为止。

⑧ 如果不慎加入过多,使油面高于规定的高度,切不可凑合使用。因为当油面过高时,行驶中ATF被行星排剧烈地搅动,产生大量的泡沫。这些带有泡沫的ATF进入油泵和控制系统后,对自动变速器的工作是极为不利的,会造成油压过低,导致自动变速器内的摩擦元件打滑磨损。因此油面过高时,应把油放掉一些。有放油螺栓的自动变速器,只要把螺栓打开即可放油;没有放油螺栓的自动变速器要少量放油时,可从加油管往外吸。

重要提示

按上述方法换油时,变速器内的ATF是无法完全更换的。若ATF严重变质,必须全部更换时,可先按上述方法换油,然后让汽车行驶约5 min后再次换油。

自动变速器的性能是相对稳定的,只要在日常维护中注重自动变速器的科学养护,许多损失是完全可以避免的。ATF的更换应选用专业的设备,采用专业的技术来实施。利用设备对整个液压系统进行彻底、全面的清洗,并利用设备充入新液,将旧液完全置换出。自动变速器清洗更换设备能快速高效地完成上述过程,整个操作过程20 min左右就可完成,更换率几乎达到100%。

4. ATF的使用注意事项

(1) 必须按规定方式经常检查变速器的油面高度。

(2) 必须使用规定牌号的自动变速器油,不能用齿轮油或机油代替ATF;否则,会造成自动变速器的严重损坏。

(3) 必须按规定时间或里程间隔进行换油,换油时必须同时清洗冷却器和滤清器。

二、齿轮油的检查与更换

1. 检查与更换变速器齿轮油

由于制造技术的提高,变速器可靠性比较高,一般不容易发生故障和损坏现象。在检查时,应重点检查齿轮油渗漏、防尘套和密封件等部位,若发现破损或密封性能变坏,应予以检修或更换。

手动档变速器,绝大多数都在变速器箱体侧设有油位检查螺塞,有些车型不带有该检查螺塞,更换齿轮油时,这两种情况有些区别。

(1) 有油位检查螺塞的变速箱检查和更换齿轮油方法　油位检查方法:拧下油位检查孔螺塞,检查油位是否达到规定油位,查看孔边刻度为 0~15 mm。如果油量不足,应补足齿轮油,使油位达到规定刻度,并检查有无漏油现象。

更换方法如下:

① 启动发动机暖车达到正常工作温度;

② 找到油位检查螺塞,并旋下;

③ 拆除变速箱齿轮油放油螺塞,放净齿轮油后再拧紧;

④ 用齿轮油加注器从油位检查孔处向变速箱内加注符合规定的齿轮油;

⑤ 到加注的齿轮油从油痊检查孔下线流出为止,拧紧油位检查螺塞;

⑥ 如果油位检查孔处加注齿轮油不便,应从里程表线轴盖处加注(具体办法见无油位检查螺塞时的齿轮油加注方法)。

(2) 无油位检查螺塞的变速箱齿轮更换方法　更换方法如下:

① 启动发动机暖机到正常工作温度;

② 找出里程表线在变速箱上的位置,首先拆除里程表线轴盖,再慢慢地抽出传动用塑胶小齿轮;

③ 拆除变速箱齿轮油放油塞,放净齿轮油,然后拧紧放油螺塞;

④ 自里程表轴线孔处加注齿轮油;

⑤ 注意加入齿轮油油面的位置不超出"F"范围;

⑥ 按相反程序重新组合即可。

请注意:更换齿轮油时,必须先拆除加油口里程表轴线或油位检查螺塞,再拆除放油塞,以防万一齿轮油漏出后才发现里程表轴线或油位检查螺塞无法拆除的困难。

2. 驱动桥齿轮油的检查与更换

(1) 拧下油位检查孔螺塞,检查油位是否达到油位检查孔边的刻度 0~15 mm。如果油量不足,应补充齿轮油,直到齿轮油从油位检查孔向外溢出为止。

(2) 更换齿轮油,启动车辆行驶一段距离,使桥壳齿轮油升温,趁着齿轮油还处于温热状态时,拆下放油螺塞,放出齿轮油。放净齿轮油后,擦净螺塞并牢固地拧回桥壳。然后,拧下油位检查孔螺塞,加入新的齿轮油,直到齿轮油从油位检查孔向外溢出为止。最后,装好检查孔螺塞。

三、冷却液的检查与更换

冷却系统的功能是使工作中的发动机得到适度冷却,保证发动机在最适宜的温度范围内工作。若冷却系统工作不正常,会导致发动机功率下降、磨损增加、耗油增加等不正常现象产生。

1. 检查冷却液面高度

冷却液面必须符合规定,满足冷却系统的工作要求。因此,应定期检查液面高度。检查前应关闭发动机,待其停止运转后方可检查。发动机处于冷态时,冷却液液面必须处于最高、最低两标记之间。热态时,液面可能略高于最高标记。

如果液面过低,在汽车行驶时造成冷却液温度过高,冷却液温度显示和冷却液警报灯即会

图 4-6 冷却液温度显示和警报灯

持续闪亮,如图 4-6 所示,此时应立即停车熄灭发动机,并检查检查液面。

注意:发动机是热状态,不要直接打开散热器盖,以防热水喷出烫伤。

如果冷却液大量损耗,则必须等发动机冷却后方可添加冷却液,以免损伤发动机。

在日常保养过程中,只要注意副水箱的水位即可。若要打开主水箱盖检视,切勿在热车时开启,以免蒸气与水喷出伤人。添加时,加入清水即可,进维修厂家保养换水时才须添加冷却液,但别用矿泉水,矿泉水中的矿物质会形成水垢阻塞管道。

2. 冷却液更换期限

普通的冷却液应每 6 个月更换一次,长效防锈、防冻液一般两年更换一次。

3. 更换发动机冷却液

(1) 打开水箱盖(热车时,应用湿毛巾盖住水箱盖拧松,并小心热水飞溅烫伤)。

(2) 拧开水箱底部放水开关,如图 4-7 所示,释放旧液。

(3) 松开下水管(橡胶管)与发动机连接端口(注意检查有无锈蚀,必要时用砂纸打磨清理锈蚀,安装前再用密封胶涂抹)。

图 4-7 放水开关

(4) 松开暖气水管(钻进驾驶舱的两条中任意一条)。

(5) 拧紧放水开关,连接自来水管,打开水龙头,启动发动机,适当加油提速循环水路,并将自来水管移动到各个断口进行冲洗,直到完全清洗干净旧液为止。

(6) 松开放水口螺丝,放掉水箱内自来水。

(7) 按照原来位置安装好所有管路接口,加注冷却液。

(8) 启动发动机,直到散热风扇频频启动,节温阀开启。

(9) 熄火冷却后,再从水箱盖处加满冷却液。

(10) 水箱液面观测,必须以冷车时开启金属水箱盖观察为准。正常情况应保持为可见液面。

4. 更换发动机冷却液时的注意事项

(1) 更换冷却液时应防止泄漏到机件上,并防止热的冷却液喷出伤人。

(2) 要保证将冷却液释放干净,必须将散热器和缸体中的冷却液都放掉,并能够保证冷却系统中不会残存空气,将液位添加到标准位置。

(3) 工序完成后,应确认是否有泄漏。

四、检查制动液液面高度

制动液液面必须符合规定,满足制动系统工作要求,保证行驶安全。液面须处于储液罐最高(MAX)、最低(MIN)标记之间。

汽车的制动系统一般装有摩擦衬片自动调整机构,衬片磨损后,该机构可自动调整间隙。因此,在使用过程中,制动液液面可能略有下降,这种情况属正常现象,无须担心。但是,如短期内液面明显下降或降至最低标记以下,则表明系统出现泄漏,此时应立即检修。

五、检查电解液液面高度

正常工作状况下,一般无须保养蓄电池,但是若环境温度很高,则应定期检查电解液液面高度。电解液液面高度应始终处于最高(MAX)、最低(MIN)两标记之间。

电解液为腐蚀性物质,谨防溅入眼睛内、皮肤及衣服上,万一身体某部位溅上电解液,则应该立即用大量清水冲洗。

六、添加风窗玻璃清洗液

打开储液罐盖,加注清洗液直至加注口边缘,然后盖上储液罐盖,并压紧。添加后,接通点火开关,检查洗涤系统工作状况。由于纯水难以迅速、彻底地洗净风窗玻璃,因此,水中应添加含防冻添加剂的内窗清洗液,提高洗涤效果。如果一时买不到含防冻添加剂的清洗液,则可用甲醇作为代用品。但是,任何情况下,清洗液中切勿加入冷却液防冻剂或其他添加剂。

在实习车间完成下列实习任务:
1. 识别 ATF 和齿轮油、制动液。
2. 在实习教师的带领下,完成冷却液的更换并作实习日志。
3. 完成普通制动系制动液的液面高度检查。
4. 检查电解液和玻璃清洗液的检查和补充作业。
5. 如果学校有条件,在实习教师的帮助下完成 ATF 的更换。

项目五 汽车的简单故障

活动一　仪表及报警灯的识读
活动二　车辆爆胎的处理
活动三　汽车"开锅"的处理
活动四　车辆无法启动或难以启动的处理

项目五　汽车的简单故障

情景描述

现代汽车工业的迅猛发展使人类的生产、生活变得方便快捷,但无论什么品牌与价值的汽车随着使用时间的延续,总会发生一些故障,会造成汽车的动力性、经济性、安全性、舒适性、环保性等方面的性能下降,甚至会造成重特大交通事故。当汽车发生故障时,能够用经验和科学知识快速准确地诊断出故障原因,找出损坏的零件和部位,并迅速排除故障,减少汽车故障对汽车使用性能的影响,更能避免重大事故的发生。因此,汽车维修人员、驾驶员对汽车各类故障要有足够的了解,并学会一些简单故障的排除方法。

汽车故障的诊断方法一般有人工经验法、仪器诊断法等。本项目着重讲解人工经验法诊断汽车故障。人工经验法主要包括看、听、闻、摸、试。

检测调整

1. 眼看

(1) 观察仪表　观察电流、机油压力表、水温表和汽油指示表等指示车辆有关部位的工作情况,如发现显示数字异常,说明该部件出了问题。

(2) 察看外观　例如,发动机排烟过多,排烟颜色异常;某些部件出现漏水、漏气、漏油、漏电等现象;车架车身变形,各部件间隙过大或过小。

(3) 察看油液　常规的油、液、媒检查不可忽视。机油、自动变速箱油、转向助力器油、齿轮油、制动液、冷却液、玻璃水、冷媒等油液的检查是车辆正常运行的保证,相关指示灯亮起,或是发现有缺少,要及时补充。

(4) 察看颜色　通过察看车用零件液体的品质来判断故障。

2. 耳听

(1) 发动机　由于不断变换油门,发动机发出的响声也是不相同的,要仔细听发动机声音有无异常。

(2) 底盘　不断改换行驶速度,传动系的响声一般随车速的提高而增大。但当车速提高到一定程度后,有些响声反而减弱,甚至消失。

(3) 分清响声的类型　如连响与间断响、脆响与闷响、有规则与无规则的响,并确认哪些是正常的,哪些是异常的。

3. 鼻闻

焦臭味　是制动拖滞、离合器打滑所致,烧机油、烧制动液能引起特殊气味。电器工作时,烧毁线路会发出焦皮味。

4. 手摸

手摸判断温度　用手摸制动鼓、后桥壳、变速器外壳来判断该部件的温度。例如,手感到发热,温度大约40℃左右;感到烫手,但能坚持几分钟,温度约在50～60℃左右;手根本不能忍受,温度至少达 80℃以上。

5. 试探

诊断气门异响　若怀疑气门间隙过大所致,可用厚薄规检查,并调整至规定值;若异响消失,即判断正确;若响声依然存在,再继续查找其他部位。当某缸工作不良时,用换火花塞的方法试验。

本项目知识目标:
1. 掌握汽车仪表及报警灯的识读知识。
2. 汽车突然爆胎的处理知识。
3. 行驶中,汽车水温过高的处理知识。
4. 汽车不能启动的相关知识。

本项目能力目标:
1. 能识读汽车仪表及报警灯,并能通过仪表灯判断汽车的工作状态。
2. 会处理汽车突然爆胎,掌握更换轮胎操作技能。
3. 掌握行驶中汽车水温过高的处理方法。
4. 能解决汽车不能启动故障,并查找故障点。

活动一　仪表及报警灯的识读

汽车仪表及各类报警灯是监测汽车各系统工作的一个窗口,驾驶员和维修人员首先要去了解仪表盘上各种仪表和灯光的作用,并能通过他们的工作状态判断汽车的各系统是否存在故障。

1. 观察汽车仪表盘,查看有哪些指示灯和仪表?
2. 查看汽车仪表盘上的指示灯和仪表的工作状态。
3. 怎样通过指示灯和仪表判断故障。

一、仪表盘总成的识读

汽车仪表盘大体可以分为 5 个区,如图 5-1 所示。总体上说,仪表灯分为 3 种,第一种是显示功能,一般灯光多为蓝色或绿色,如转向指示、大灯远光指示等;第二种是提示功能,如发动机故障提示、燃油下限提示等,此类灯光多为黄色,提醒尽快处理;第三种是警告灯,主要是在车辆出现故障或异常情况时进行警示,当此灯亮起时应引起高度的注意,一般是红色灯,如充电指示灯、机油压力报警灯。

图 5-1 汽车仪表盘分区

二、通过仪表指示灯的工作状态判断故障

(1)	手刹指示灯		显示车辆手刹的状态,平时为熄灭状态。当手刹拉起后,该指示灯自动点亮;手刹放下时,该指示灯自动熄灭。有的车型在行驶中未放下手刹,会伴随警告音。
(2)	电瓶指示灯		显示电瓶使用状态。打开钥匙,车辆开始自检时,该指示灯点亮,启动后自动熄灭。如果启动后电瓶指示灯常亮,说明该电瓶出现了使用问题,需要更换。
(3)	刹车盘指示灯		显示车辆刹车盘磨损状况。一般,该指示灯为熄灭状态。当刹车盘出现故障或磨损过度时,该灯点亮,修复后熄灭。
(4)	机油指示灯		显示发动机内机油的压力状况。打开钥匙,车辆开始自检时,指示灯点亮,启动后熄灭。该指示灯常亮,说明该车发动机机油压力低于规定标准,需要维修。
(5)	水温指示灯		显示发动机内冷却液的温度。钥匙打开,车辆自检时,会点亮数秒,后熄灭。水温指示灯常亮,说明冷却液温度超过规定值,需立刻暂停行驶;当水温正常后熄灭。
(6)	气囊指示灯		显示安全气囊的工作状态。打开钥匙,车辆开始自检时,该指示灯自动点亮数秒后熄灭。如果常亮,则安全气囊出现故障。

（续　表）

(7)	ABS 指示灯		显示 ABS 工作状况。当打开钥匙，车辆自检时，ABS 灯会点亮数秒，随后熄灭。如果未闪亮或者启动后仍不熄灭，表明 ABS 出现故障。
(8)	发动机自检灯		显示车辆发动机的工作状况。打开钥匙，车辆自检时，该指示灯点亮后自动熄灭。如果常亮，则说明车辆的发动机电控系统出现了故障，需要维修。
(9)	燃油指示灯		显示车辆内储油量的多少。钥匙打开，车辆进行自检时，该油亮指示灯会短时间点亮，随后熄灭。如果启动后该指示灯点亮，则说明车内油量已不足。
(10)	车门指示灯		显示车辆各车门状况。任意车门未关上，或者未关好，会点亮相应的车门指示灯，提示车主车门未关好。当车门关闭或关好时，相应车门指示灯熄灭。
(11)	清洗液指示灯		显示车辆所装玻璃清洁液的多少，平时为熄灭状态。该指示灯点亮时，说明车辆所装载玻璃清洁液已不足，需添加玻璃清洁液。添加玻璃清洁液后，指示灯熄灭。
(12)	电子油门指示灯		常见于大众品牌车型中。打开钥匙，车辆自检时，EPC 灯会点亮数秒，随后熄灭。如果车辆启动后仍不熄灭，说明车辆机械与电子系统出现故障。
(13)	雾灯指示灯		显示前后雾灯的工作状况。当前后雾灯点亮时，该指示灯相应的标志就会点亮。关闭雾灯后，相应的指示灯熄灭。
(14)	转向指示灯		显示车辆转向灯所在的位置，通常为熄灭状态。当车主点亮转向灯时，该指示灯会同时点亮相应方向的转向指示灯；转向灯熄灭后，该指示灯自动熄灭。
(15)	远光指示灯		显示车辆远光灯的状态。通常的情况下，该指示灯为熄灭状态。当驾驶员点亮远光灯时，该指示灯会同时点亮，以提示驾驶员车辆的远光灯处于开启状态。
(16)	安全带指示灯		显示安全带是否处于锁止状态。当该灯点亮时，说明安全带没有及时地扣紧，有些车型会有相应的提示音。当安全带被及时扣紧后，该指示灯自动熄灭。

(续 表)

(17)	O/D 档指示灯		显示自动档的 O/D 档（Over-Drive）超速档的工作状态。当 O/D 档指示灯点亮，说明 O/D 档已打开，车辆前进过程中会挂入超速档。
(18)	内循环指示灯		显示车辆空调系统的工作状态，平时为熄灭状态。当点亮内循环按钮，车辆关闭外循环，空调系统进入内循环状态时，该指示灯自动点亮；内循环关闭时，熄灭。
(19)	示宽指示灯		显示车辆示宽灯的工作状态，平时为熄灭状态。当示宽灯打开时，该指示灯随即点亮。当示宽灯关闭或者关闭示宽灯打开大灯时，该指示灯自动熄灭。
(20)	VSC 指示灯		显示车辆 VSC（电子车身稳定系统）的工作状态，多出现在日系车上。当该指示灯点亮时，说明 VSC 系统已关闭。
(21)	TCS 指示灯		显示车辆 TCS（牵引力控制系统）的工作状态，多出现在日系车上。当该指示灯点亮时，说明 TCS 系统已关闭。

实践活动

奥迪 A6 仪表板识读

在实习教师的带领下，见习奥迪 A6 的仪表指示系统。

图 5-2 所示为奥迪 A6 仪表板，请用所学知识认真解读仪表板上各符号的含义，并分析其作用。

图 5-2 奥迪 A6 仪表板

活动二　车辆爆胎的处理

爆胎是汽车频发事故之一，多数由于车主对轮胎的保养不当而导致。有关统计数据显示，在高速公路上的交通事故中，10%是由于轮胎故障引起的，而其中爆胎一项就占轮胎故障引发事故总量的70%以上。

1. 爆胎的原因有哪些？
2. 行驶过程中，车辆爆胎如何应对？
3. 如何更换备胎？

一、爆胎的定义及原因

爆胎是指轮胎在极短的时间（一般少于 0.1 s）内，因破裂突然失去空气而瘪掉。爆胎的原因主要是：

（1）轮胎漏气　在被铁钉或其他尖锐物刺扎时，而暂时没有把轮胎扎破，则轮胎会出现漏气现象，进而引起爆胎。

（2）轮胎气压过高　因汽车高速行驶，轮胎温度升高，气压随之升高，轮胎变形，胎体弹性降低，汽车所受到的动负荷也增大，如遇到冲击就会产生内裂或爆胎。这也是爆胎事故会在夏季集中爆发的原因。

（3）轮胎气压不足　当汽车高速行驶时（速度超过 120 km/h），轮胎气压不足容易造成胎体谐振动，因而引发巨大的谐振作用力。如果轮胎不够结实或者已经有"伤"，就易爆胎。而且气压不足使得轮胎的下沉量增大，在急拐弯时容易造成胎壁着地，而胎壁是轮胎最薄弱的部分，胎壁着地会导致爆胎。

（4）轮胎"带病工作"　轮胎在使用时间长后磨损严重，冠上已无花纹（或花纹过低）、胎壁变薄，已变成了人们常说的"光头胎"或已出现了高低不平的"薄弱环节"，将会因为承受不了高速行驶的高压、高温而爆胎。

二、行驶过程中车辆爆胎应对策略

1. 不可以急刹车，应当缓慢减速

当车辆突然爆胎的时候，第一时间要稳住方向盘并松开油门。千万不要急打方向或猛踩刹车。因为车在高速行驶的时候忽然爆胎会使车辆侧偏，急刹车会使这种侧偏更加严重，而导致翻车。稳住车辆的方向后，可以把变速箱挂入抵挡，利用发动机制动把车速慢慢降下来。缓慢减速的同时，要双手紧握方向盘，向爆胎的反方向转，以保证车辆的直线行驶。当车速降至 20 km/h 或以下，可以轻点刹车进一步降低车速，并慢慢靠边停车。

2. 靠边停车，注意安全，更换备胎

车辆靠边停好后，马上开打车辆的双闪灯，熄火并拉上手刹。从后视镜观察后方没有来车时，才可以下车检查车辆情况，并尽快在车辆后方150 m处放置三角反光板。接下来，根据车辆的实际情况选择自行更换备胎或打电话寻求道路救援服务。

三、更换备胎的方法

步骤1：先把车子停在接近水平及安全的地方，启动警示灯。自动档汽车，应将档位拨向P档，手动档车应进入1档或倒档。

步骤2：在下车前，要观察四周的交通情况，确定安全后方可下车到车尾厢取出手套、后备轮胎及其他有关工具，准备更换轮胎。

步骤3：在常规道路上，发生故障或者发生交通事故时，三角警示牌设置在车后50～100 m处；而在高速公路上，则扩大至150 m；遇上雨雾天气，还得将距离扩至200 m。

步骤4：首先要以对角形式把轮圈螺丝扭松。

步骤5：然后把千斤顶放在底盘支架上，把车身慢慢升起至车胎只有少许贴着地面。再把后备车胎垫在车底，以防车子突然跌下。

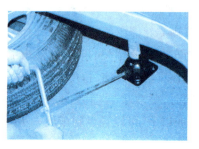

(续　表)

步骤6：将轮胎螺丝逐一松脱。	
步骤7：此时再一次转动千斤顶把车身升高约10 cm左右，确保有足够空间把充气正常的后备轮胎放入。然后取出已爆破的轮胎，放在车底，把后备轮胎装上。	
步骤8：装上轮胎后，确保螺丝位置正确，以对角形式扭紧螺丝。由于车轮仍是悬在半空，所以螺丝是不能上至最紧状态的。	
步骤9：随后把车底下的轮胎拿走，再把千斤顶慢慢放下。当轮胎着地后，便可再一次以对角形式逐一把螺丝锁紧。	
步骤10：最后把千斤顶及爆破的轮胎收回车尾厢，便完成了整个换胎程序。换好后备轮胎后，同时应尽快驶到维修中心，更换爆破了的轮胎。	

四、如何预防爆胎

1. 优先选用子午线轮胎

无内胎轮胎和子午线轮胎胎体较软，带束层采用了强度较高、拉伸变形很小的织物帘布或钢丝帘布。因此，这种轮胎抗冲击能力强、滚动阻力小、消耗能量少，最适于高速公路上行车。

无内胎轮胎质量小、气密性好、滚动阻力小，在轮胎穿孔的情况下，胎压不会急剧下降，完全能继续行驶。由于这种轮胎可以直接通过轮辋散热，所以工作温度低，轮胎橡胶老化速度慢，寿命比较长。

2. 尽可能使用低压胎

目前，轿车、载货车几乎都采用低压胎，因为低压胎弹性好、断面宽、与道路接触面大、壁薄、散热性好。这些特点提高了汽车的行驶平顺性和转向操纵稳定性，大大延长了轮胎的寿命，防止了汽车爆胎的发生。

3. 注重速度级别和承载能力

每种轮胎由于橡胶和结构不同,都有不同的速度、承载限制。在选用轮胎时,驾驶员要看清轮胎上的速度级别标志和承载能力标志,选用高于车辆最高行驶速度和最大承载量的轮胎,以保证行车安全。

4. 保持轮胎标准气压

轮胎的寿命与气压有很密切的关系。如果发现由于气压过高造成轮胎过热,绝对不允许采用放气、向轮胎上浇冷水的方法来降低温度,这样做会加快轮胎的老化速度。遇到这种情况,只能停车自然冷却降温、降压。胎压过低时要及时充气,并检查轮胎是否有慢撒气现象,以便更换气密性好的轮胎。

在实习车间完成下列实习任务:
1. 识别轮胎的磨损标记,察看轮胎的气压。
2. 在实习教师的带领下,完成轮胎的更换作业。

活动三　汽车"开锅"的处理

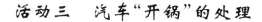

汽车开锅影响机器正常工作、有损机器。过高的温度通常指高于95℃,不同的机型有不同的标准,温度超过正常温度越多对机器的破坏就越大。

1. 汽车开锅的原因有哪些?
2. 汽车开锅后应如何处理?

1. 汽车开锅

汽车开锅通常是指汽车发动机的工作温度超过正常工作温度。

造成汽车开锅的原因很多,除了高温天气以外,空调超负荷运作以及散热元件故障也会让车开锅。对汽车散热系统进行全面检测,是预防开锅的首要方法。查看冷却扇

（续　表）

是否工作正常,水箱是否有渗漏、是否缺少冷却液。若水箱漏水,需及时修补或更换;若水箱缺液,需及时补充;若冷却液出现浑浊变质,则需更换。

2. 汽车开锅的原因

先确认冷却液补液罐内液面高度是否合适;再起动引擎观察水温表,水温逐渐上升。手握水箱上水管,感觉逐渐升温;手握下水管,温度几乎不变。当水温达到80℃时,下水管开始逐渐升温,直至与上水管温度相同,手握有烫手的感觉。引擎继续运转,水温95℃左右时冷风扇开始运转,水温略有下降,约1 min左右停转。如此反复,汽车冷却系统正常。

（1）长时间的水循环会造成水分慢慢流失,导致水箱缺水,如果未及时检查发现并添加水,就易导致水箱开锅。

（2）如果水箱里进脏东西,如泥土、雨水之类的,容易锈蚀水箱。

（3）温度过高时,可用手去触摸上水管与下水管的温度来判断。若两水管温差较大,即可判为节温器大小循环转换工作不正常。

（4）如果冷却系统中有空气,会形成气阻,使冷却水循环不良,导致发动机温度过高。

（续 表）

（5）车辆若长时间行驶在土路或泥泞路段，会有一些脏物黏附在散热器上，久而久之，会影响散热效果，造成水温过高。	

3. 汽车开锅的处理办法

（1）遇到水温过高报警时，应首先减速，将车停在平实路面、不影响交通的安全处，最好是阴凉处。在距离车尾 50 m 外支安全警示牌，如果是高速路要放在车后 150 m。	

　发现开锅后，不要立即熄火，应先保持下怠速运转。若此时熄火，机件都处于膨胀状态，各配合间隙很小，熄火后会造成有些软金属脱落，有的甚至会造成粘缸。

（2）让发动机怠速运转，并掀开发动机罩加快散热，当温度降下来后，再给水箱加足够的水。	

　加水时，用湿毛巾垫着，先把散热器加水盖拧开一档，放出水蒸汽，稍后再全部打开。

（3）开锅时，千万不要立即加水。因为散热器内水沸腾后会有一定的压力，若立即打开散热器加水口，热水会向外喷出，易造成脸部烫伤。

在发动机温度过高时，禁止泼冷水浇发动机，这样会造成发动机缸体由于骤冷而炸裂，酿成不可修补的后果。

4. 如何预防汽车开锅

（1）做好日常保养，开车前检查一下水箱是否缺水，如果缺水应及时加满。

（2）定期清洗散热器片，这样会改善发动机的散热效果。

（3）水箱表面的灰尘棉絮等也会影响到水箱散热，要尽量清理干净。

（4）长途行驶或者长时间行驶时记得注意水温，要求最高不能超过 95℃，一旦超过，车主就要引起警惕了。

 **实践活动**

在实习车间完成下列实习任务：
1. 在实习教师的带领下，完成冷却液补加作业。
2. 在实习教师带领下，检查冷却系的工作性能。

活动四 车辆无法启动或难以启动的处理

汽车使用时间越长，越容易出现问题。如果汽车发动机不能启动了，是什么原因呢？

 **活动背景**

1. 发动机启动困难的原因有哪些？
2. 在发动机启动困难时如何操作？
3. 如何排除影响不能启动的故障点？

一、车辆无法启动或启动困难的原因

　　汽车发动机无法启动是较为常见的，特别是车子停放几天或者一段时间后，可能会遇到车子启动困难的现象。理论上讲，只要汽车具备了良好的供油供气能力、正常的气缸压力和正确适时的点火这3个要素，汽车起动系工作正常，就能确保车辆的启动。一辆正常使用的车辆，通常不会突然出现点火三要素的故障，因此车辆无法启动或启动困难的原因通常都是由汽车起动系引起的。

　　在发动机一切正常的情况下，启动机或蓄电池有故障都会使发动机难以启动，甚至不能启动。遇此情况，首先要了解启动机与蓄电池的使用情况，以便大致判断故障部位。若蓄电池已经使用超过一年，应重点检查其技术状况；若蓄电池使用时间较短，而启动机长时间未检修，则应从启动机查起。然后，根据启动时的故障现象分析和处理。

　　（1）启动时只听到启动机电磁开关"咯咯"声，或首次启动时启动机带动曲轴缓转几下，继而出现启动电磁开关"咯咯"响，但曲轴却不转动。

　　（2）临时停车每次都能启动，但停车时间较长或第二天启动时却只能使曲轴转一下。此现象属于蓄电池自放电严重，其极板、隔板严重老化，说明该蓄电池已经接近报废。

　　（3）启动时启动机突然转动无力，并伴有烧橡胶气味或蓄电池处有烟冒出，多属极桩、极桩夹子接触不良而发热烧损。

　　（4）若启动时启动机驱动齿轮与发动机飞轮齿圈发出撞击的空转声，其原因一是飞轮齿圈的啮合切入面变形，二是启动机驱动齿轮与飞轮齿圈的间隙太大。驱动齿轮与发动机飞轮齿圈两者无法啮合，发动机也就不能启动。

　　（5）启动开关转到启动位置发动机不能启动，也无其他现象。这种故障，一是启动开关因磨损而未接通启动电路，二是启动机继电器未接通启动机电磁开关电路，三是电源开关未接通主电路。

二、如何排除发动机不能启动故障

步骤1：检查蓄电池的电量。通常的方法为摁下喇叭按钮，如果声音正常，可以确定为蓄电池正常。如果喇叭不响，则可能是蓄电池或线路故障。

（续　表）

步骤2：蓄电池正常，线路也正常，启动时车辆没任何反应，通常故障都为保险丝损坏或操作不对（自动变速器操纵杆没放置在P档或N档）。

步骤3：启动机无法正常运转，但车灯能点亮，说明蓄电池电量不足。手动档的车辆可以采用推车启动的方式。若车灯不能点亮，说明蓄电池一点电量也没有了，就只能需要借助外接电源给启动机提供电能了。

汽车应急启动电源是给驾车出行爱车人士和商务人士所开发出来的一款便携式移动电源，用于汽车亏电或者其他原因无法启动汽车的时候能启动汽车。

汽车应急启动电源使用注意事项：
(1) 将手动刹车拉起，离合放置在空档，检查启动器开关，应处在OFF档。
(2) 应急启动器请放置在平稳的地面或非移动的平台，远离发动机及皮带。
(3) 将应急启动器红色正极夹（+）连接到缺电的电瓶正极，并确保连接牢固。
(4) 将应急启动器黑色辅机夹（-）连接汽车的接地柱，并且确保连接牢固。
(5) 检查连接的正确性和牢固性。
(6) 启动汽车（不超过5 s），如果一次启动没有成功，应间隔15 s以上。
(7) 成功后，从接地柱将负极夹取下。

(8) 将"应急启动器"红色正极夹从电池正极取下。

(9) 使用后,请充电 12 h,直到充电灯关断。

三、影响汽车启动的故障点

(1) 音响忘关　驾驶员忘记关闭车内音响而造成长时间音响放电,导致了蓄电池电量不足而无法启动。

正常情况下,拔下钥匙音响会自动关闭。但在某些情况下,驾驶员先拔下钥匙但并没离开车辆,又打开了音响,且离开时忘记关闭了。

(2) 忘关前照灯开关　驾驶员忘记关闭前照灯开关,导致了蓄电池电量不足而造成无法启动。

正常情况下拔下钥匙,前照灯的远近光都会关闭,但关闭的只是大灯,而汽车小灯会一直点亮着,而造成长时间放电。

(3) 室内灯常亮　由于驾驶员离开车辆时忘关灯、4 个车门的门灯开关损坏或是离开车辆时门没关好,都会使车内灯长时间点亮而造成长时间放电,蓄电池长时间放电而不能启动。

(4) 后备箱灯常亮　后备箱灯开关损坏或是后备箱没关好,都会使后备箱灯长时间点亮,而造成长时间放电。

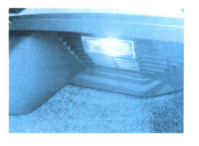

 实践活动

在实习车间完成下列实习任务：
1. 在实习教师的带领下,完成启动机保险丝的更换。
2. 在实习教师带领下,检查门灯开关、后备箱开关。
3. 在教师指导下,完成辅助电源启动接线工作任务并完成启动。

图书在版编目(CIP)数据

汽车使用与日常养护/戴良鸿主编. —2 版. —-上海:复旦大学出版社,2016.6(2020.9 重印)
(复旦卓越·21 世纪汽车类职业教育教材)
ISBN 978-7-309-12240-4

Ⅰ. 汽… Ⅱ. 戴… Ⅲ. ①汽车-使用方法-中等专业学校-教材
②汽车-车辆保养-中等专业学校-教材 Ⅳ. U472

中国版本图书馆 CIP 数据核字(2016)第 076477 号

汽车使用与日常养护(第二版)
戴良鸿　主编
责任编辑/张志军

复旦大学出版社有限公司出版发行
上海市国权路 579 号　邮编:200433
网址:fupnet@ fudanpress.com　http://www.fudanpress.com
门市零售:86-21-65102580　团体订购:86-21-65104505
外埠邮购:86-21-65642846　出版部电话:86-21-65642845
上海春秋印刷厂

开本 787×1092　1/16　印张 12.25　字数 283 千
2020 年 9 月第 2 版第 3 次印刷

ISBN 978-7-309-12240-4/U·21
定价:28.00 元

如有印装质量问题,请向复旦大学出版社有限公司出版部调换。
版权所有　侵权必究